Strumenti per la privacy nell'era dell'IA: Strategie pratiche con VPN, DNS sicuri, relay privato e difese basate sull'intelligenza artificiale

ISBN 978-1970482058

Sebbene l'autore abbia fatto ogni sforzo per garantire che le informazioni contenute in questo libro fossero corrette al momento della stampa, l'autore non si assume e con la presente declina ogni responsabilità nei confronti di alcuna parte per eventuali perdite, danni o interruzioni causati da errori od omissioni, indipendentemente dal fatto che tali errori od omissioni derivino da negligenza, errori o qualsiasi altra causa.

Sommario

1 Introduzione

La privacy e la sicurezza online non sono mai state così importanti nell'era dell'intelligenza artificiale (IA). Nel mondo interconnesso di oggi, molti aspetti della nostra vita digitale — abitudini di navigazione, posizione, informazioni sul dispositivo e persino dati personali — possono essere tracciati o sfruttati. Questo libro fornisce **una guida completa e pratica** per proteggere la tua privacy utilizzando strumenti moderni. Copriamo tutto: dalle VPN e dal DNS crittografato al rafforzamento del browser e alle funzionalità più recenti delle piattaforme (come relay privato iCloud di Apple e la privacy nell'IA). Includiamo tutorial passo-passo, tabelle di confronto ed esempi di codice per configurazioni sia GUI sia CLI su Windows, macOS, Linux, Android e iOS. Al termine, avrai una comprensione approfondita di come costruire un solido "stack" per la privacy e le competenze necessarie per configurarlo.

Perché la privacy digitale è importante: Ogni volta che vai online, il tuo dispositivo comunica con server in tutto il mondo — ogni ricerca web, accesso o download lascia una traccia. I provider di servizi Internet (ISP), i siti web, le reti pubblicitarie e persino soggetti malintenzionati possono registrare questa attività. Una normale risoluzione DNS, ad esempio, può rivelare ogni sito che visiti (indirizzi IP e nomi host). Senza protezioni, la cronologia di navigazione può essere registrata, analizzata o venduta. In alcune regioni, gli ISP sono legalmente obbligati a conservare i log delle attività degli utenti. Anche nelle connessioni sicure e crittografate, metadati come l'IP di destinazione e il nome host possono rivelare informazioni. Il nostro obiettivo è **limitare le**

informazioni esposte. Utilizziamo la crittografia (VPN, TLS, DNS crittografato) per nascondere il traffico, strumenti di anonimizzazione (ad esempio Tor) per celare l'identità e impostazioni di dispositivo e browser per ridurre al minimo il tracciamento. Questo approccio di difesa a più livelli presuppone che nessuno strumento sia perfetto da solo, ma che insieme possano migliorare notevolmente la tua privacy.

Modello di minaccia e principi: Chi potrebbe osservarti? Potrebbe essere il tuo ISP, grandi aziende tecnologiche, governi o hacker. Ognuno può avere capacità diverse (monitoraggio passivo, interferenza attiva, forte autorità legale, ecc.). Assumiamo lo scenario peggiore: gli attaccanti potrebbero intercettare il tuo traffico Internet o gestire server DNS. Assumiamo inoltre che tu ti fidi di alcuni provider (come Cloudflare o Apple) solo fino a un certo punto. I principi chiave includono *crittografare tutto il traffico sensibile, evitare la registrazione dei dati, minimizzare la raccolta di informazioni* e *separare identità e attività*. Ad esempio, una VPN può nascondere il tuo IP ai siti web, ma devi fidarti del provider VPN affinché non registri il tuo utilizzo. Relay privato iCloud di Apple tenta di dividere la fiducia utilizzando due relay, in modo che nessuna singola entità conosca sia la tua identità sia ciò che stai navigando. Vedremo molti compromessi di questo tipo.

In tutto il libro utilizziamo un formato passo-passo. I termini importanti vengono introdotti nel loro contesto. Gli esempi di configurazione e di codice sono contrassegnati come blocchi di codice e le tabelle di confronto aiutano a riassumere le opzioni. Nel Capitolo 2 inizieremo con i fondamenti della privacy di rete e delle minacce.

2 Fondamenti della privacy di rete e delle minacce

La privacy inizia comprendendo quali sono i dati che il tuo dispositivo invia e quali possono essere osservati o registrati. Ogni richiesta Internet comporta risoluzioni DNS, connessioni a indirizzi IP e l'invio di pacchetti che includono metadati non crittografati.

- **DNS e visibilità:** Normalmente, quando digiti un indirizzo Internet, il tuo dispositivo invia una query DNS (spesso in chiaro) a un resolver (di solito il tuo ISP o un DNS pubblico). *Questo rivela esattamente i nomi di dominio che stai visitando*, che un osservatore può registrare. Senza protezioni, un intercettatore di rete vede ogni query DNS e le connessioni IP del tuo dispositivo.

- **Tracciamento dell'indirizzo IP:** Il tuo indirizzo IP pubblico (assegnato dal tuo ISP) collega tutte le tue attività a te. Può rivelare la tua posizione approssimativa e il tuo ISP. I siti web e i tracker spesso registrano gli IP nei loro log di accesso. Se qualcuno riesce a collegare il tuo IP alla tua identità (ad esempio tramite i registri dell'ISP), può sapere quali siti visiti.

- **Metadati del traffico:** Anche se utilizzi HTTPS, che crittografa il contenuto, un osservatore può vedere *a quali indirizzi IP ti connetti* e *quando*. Il contenuto è nascosto, ma i pattern rimangono (ad esempio, hai contattato 1.1.1.1, che appartiene a Cloudflare).

- **Fingerprinting di dispositivi e applicazioni:** Browser e app mobili espongono molti dettagli (user agent, font installati, dimensioni dello schermo, ecc.) che possono identificarti in modo univoco (un "fingerprint"). Questo consente il tracciamento tra sessioni, se non viene mitigato.

- **Correlazione tra dispositivi:** Utilizzare gli stessi account o accessi su più dispositivi consente a un avversario di collegare tra loro le attività su mobile, desktop e altri dispositivi.

Termini e acronimi importanti:

Di seguito sono riportate definizioni chiare e concise dei termini e degli acronimi chiave utilizzati in questo libro. Usale come riferimento rapido durante la lettura.

1. **DNS:** Domain Name System. L'"elenco telefonico" di Internet che traduce nomi di dominio leggibili (come example.com) in indirizzi IP numerici utilizzati dai computer per instradare il traffico.

2. **Ricerca DNS:** La query effettiva che il tuo dispositivo invia a un resolver DNS chiedendo "qual è l'indirizzo IP per <nome di dominio>?". Nel DNS predefinito (non crittografato), queste richieste sono visibili a chiunque osservi la rete.

3. **Indirizzo IP:** Internet Protocol address. Un identificatore numerico assegnato a un dispositivo o a un server su una rete (ad esempio 192.0.2.1). Un IP pubblico rivela la tua posizione approssimativa e l'ISP utilizzato.

4. **ISP:** Internet Service Provider. L'azienda (ad esempio il tuo operatore di banda larga o di telefonia mobile) che fornisce l'accesso a Internet. Gli ISP possono normalmente vedere traffico non crittografato e query DNS dei loro clienti.

5. **Metadati:** Dati sui dati. Nel networking includono informazioni come l'IP di destinazione, la tempistica e la dimensione dei trasferimenti e i nomi DNS interrogati.

6. **Metadati del traffico:** Il sottoinsieme di metadati generato dall'attività di rete: timestamp, IP di destinazione, dimensioni dei pacchetti, durata delle connessioni e altri elementi osservabili che possono rivelare abitudini o pattern anche quando il contenuto è crittografato.

7. **Fingerprinting di dispositivi e applicazioni:** Tecnica che raccoglie numerosi piccoli dati (versione del browser, font, dimensioni dello schermo, plugin installati, ecc.) per creare un "fingerprint" univoco in grado di identificare o tracciare un dispositivo attraverso sessioni e siti.

8. **Correlazione tra dispositivi:** Collegamento dell'attività proveniente da più dispositivi (telefono, laptop, tablet) a una singola persona o account, solitamente tramite accessi condivisi, indirizzi IP o altri segnali.

9. **Modello di minaccia:** Descrizione di chi o cosa stai cercando di contrastare e delle sue capacità. Esempi: intercettatori Wi-Fi locali, il tuo ISP, siti web malevoli, soggetti statali. Il modello di minaccia guida la scelta delle protezioni necessarie.

10. **Crittografia end-to-end (E2EE):** Modello di sicurezza in cui solo gli endpoint comunicanti (mittente e destinatario) possono leggere il contenuto dei messaggi. Gli intermediari, inclusi i fornitori di servizi, non possono decifrarlo. Comune nella messaggistica sicura (ad esempio Signal).

11. **Crittografia di rete:** Crittografia che protegge il traffico mentre attraversa le reti (ad esempio tunnel VPN o TLS per HTTPS). Impedisce agli osservatori sul percorso di leggere il contenuto dei pacchetti, anche se alcuni metadati possono restare visibili a seconda della configurazione.

12. **VPN:** Virtual Private Network. Servizio o tecnologia che crea un "tunnel" crittografato tra il tuo dispositivo e un server VPN. Nasconde il tuo vero IP ai siti di destinazione e impedisce agli osservatori locali (come Wi-Fi pubblici o ISP) di vedere il contenuto o la destinazione del traffico.

13. **Tunnel:** Termine colloquiale per una connessione crittografata (ad esempio un tunnel VPN) che incapsula e protegge il traffico di rete mentre attraversa una rete non affidabile.

14. **DNS crittografato:** Qualsiasi metodo DNS che impedisce l'osservazione delle query in chiaro sulla rete. Gli approcci più comuni includono DoH (DNS over HTTPS), DoT (DNS over TLS) e DNSCrypt.

15. **DoH:** DNS over HTTPS. Le richieste DNS vengono inviate all'interno del normale traffico HTTPS (porta 443), nascondendole agli osservatori passivi e spesso ai sistemi di censura.

16. **DoT:** DNS over TLS. Le richieste DNS vengono crittografate tramite TLS (di solito sulla porta 853). Il "DNS privato" di Android utilizza DoT.

17. **DNSCrypt:** Protocollo (e insieme di implementazioni) che firma e crittografa il traffico DNS tra client e resolver. Implementato da strumenti come `dnscrypt-proxy`.

18. **Tor:** The Onion Router. Rete gestita da volontari che instrada il traffico attraverso più relay (di solito tre) per fornire un forte anonimato. Tor nasconde l'IP di origine al destinatario e rende molto più difficile la correlazione del traffico, ma è più lento delle VPN.

19. **Anonimizzazione:** Tecniche utilizzate per ridurre o rimuovere informazioni identificative in modo che le azioni non possano essere ricondotte a una persona specifica. Tor è uno strumento di anonimizzazione; altri approcci (mix network, proxy) perseguono obiettivi simili con compromessi diversi.

20. **Split-trust / servizio a fiducia divisa:** Approccio progettuale che separa le informazioni tra più parti affinché nessuna singola entità possa associare completamente la tua identità alle tue attività. (Esempio: Relay privato iCloud di Apple utilizza due relay diversi, così nessuno dei due vede chi sei e cosa hai visitato.)

21. **Firewall:** Sistema (software o hardware) che applica regole su quali connessioni di rete sono consentite o bloccate. Può essere usato per implementare un "kill switch" VPN (bloccare il traffico se la VPN cade) o per limitare il traffico in entrata e in uscita.

22. **NAT:** Network Address Translation. Tecnica utilizzata dai router per consentire a più dispositivi di condividere un unico indirizzo IP pubblico. Il NAT nasconde gli indirizzi IP interni (privati) da Internet, ma il traffico in uscita può comunque rivelare l'IP pubblico del router.

Costruiamo **modelli di minaccia** per decidere da cosa difenderci. Ad esempio, se vuoi evitare lo spionaggio sulla rete locale su Wi-Fi pubblico, una VPN o Tor sono fondamentali. Se ti preoccupa che i siti web conoscano la tua posizione e la tua navigazione, una VPN o relay privato aiutano a nascondere il tuo IP, mentre le estensioni del browser anti-tracciamento possono impedire alle reti pubblicitarie di trarre profitto dai cookie. Ci sono compromessi: Tor offre un forte anonimato ma a scapito della velocità; le VPN sono più veloci ma richiedono di fidarsi di un provider. Il nostro approccio stratifica le protezioni: crittografia del DNS (così il tuo ISP non può vedere le tue query), VPN/relay per nascondere l'IP e rafforzamento del browser per ridurre le possibilità relative al fingerprint.

Privacy vs. Sicurezza: Anche se correlate, non sono la stessa cosa. La sicurezza protegge i dati da accessi o modifiche non autorizzati (riservatezza, integrità), spesso tramite crittografia (ad esempio HTTPS, VPN). La privacy riguarda il controllo su quali informazioni personali vengono raccolte, come vengono usate e chi può collegare le azioni a te. Questa guida enfatizza entrambi: usare la crittografia per proteggere il canale e scegliere strumenti/policy che *minimizzino la raccolta e l'esposizione dei dati* (come le policy "no-log" per VPN/DNS).

Concetti chiave:

- **La crittografia end-to-end** protegge i contenuti (ad esempio HTTPS, Signal).

- **La crittografia di rete** (VPN, Tor) nasconde il tuo traffico agli osservatori locali.

- **L'anonimizzazione** (Tor, Tor Browser) aggiunge protezione anti-correlazione tramite relay.

- I **servizi split-trust** come relay privato iCloud separano i flussi di dati.

- **DNS crittografato** (DoH/DoT/DNSCrypt) impedisce lo snooping DNS.

- **Firewall/NAT** in genere nasconde la rete interna, ma le richieste in uscita possono comunque rivelare informazioni.

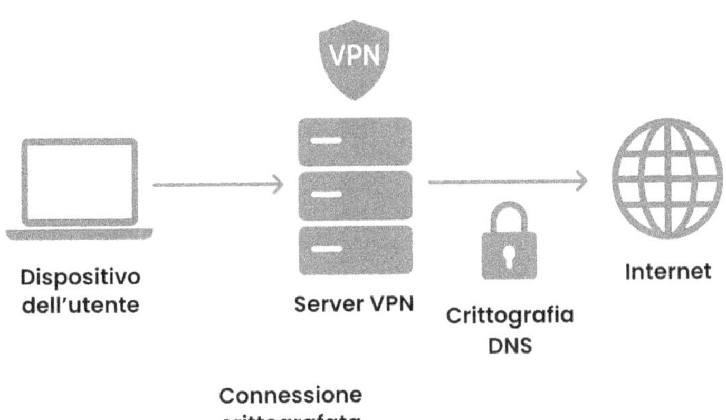

La figura sopra mostra i tipici strumenti per la privacy in azione. Una VPN (o relay privato) protegge il tuo IP e crittografa il traffico, mentre il DNS crittografato nasconde le tue query DNS agli osservatori.

3 Reti private virtuali (VPN)

Una rete privata virtuale (VPN) crea un tunnel crittografato tra il tuo dispositivo e un server VPN, nascondendo il tuo traffico agli osservatori locali. Di conseguenza, l'ISP vede solo una connessione crittografata verso la VPN, non le destinazioni finali che visiti. I siti web vedono l'IP della VPN invece del tuo, proteggendo la tua identità e la tua posizione. In sostanza, una VPN sposta la fiducia dal tuo ISP al provider VPN.

3.1 Panoramica dei protocolli VPN

Gli strumenti VPN usano protocolli diversi (tecnologie di tunneling) per proteggere il traffico. I principali protocolli oggi sono **OpenVPN** (https://openvpn.net), **WireGuard** (https://wireguard.com) e **IKEv2/IPsec**. Esistono anche protocolli più datati come **L2TP/IPsec**, **SSTP** e **PPTP**, ma in genere sono deprecati (PPTP, in particolare, è estremamente insicuro).

Ecco un confronto conciso:

Protocollo	Sicurezza e crittografia	Velocità e prestazioni
OpenVPN	Usa OpenSSL (in genere AES-256), trasporto TCP/UDP. Molto sicuro e open-source.	Media (UDP più veloce di TCP)

Protocollo	Sicurezza e crittografia	Velocità e prestazioni
WireGuard	Crittografia moderna (ChaCha20, Poly1305), base di codice ridotta. Open-source. Solo UDP.	Alta (molto veloce)
IKEv2/IPsec	Forte (IPsec), rekeying estremamente stabile. Supporta MOBIKE per i cambi di rete.	Alta
L2TP/IPsec	Debole da solo (L2TP non cifra); abbinato a IPsec.	Media
SSTP	Forte (basato su SSL/TLS, AES-256).	Media
PPTP	**Molto debole** (MSMPPE con MS-CHAP v1/v2 difettoso).	Media
Altri (proprietari)	Esempio: NordLynx (variante di WireGuard), Lightway (ExpressVPN, basato su WireGuard).	Variabile

Protocollo	Casi d'uso migliori	Note
OpenVPN	Uso generale, ampia compatibilità,	Molto maturo; considerato affidabile dalla community; può

Protocollo	Casi d'uso migliori	Note
		connessioni faida-te	essere più lento per l'overhead.
WireGuard	Esigenze di alta velocità (streaming, gaming, P2P)	Leggero; richiede la memorizzazione dell'IP recente sul server (mitigabile con server solo RAM).
IKEv2/IPsec	Dispositivi mobili (reti in roaming)	Riconnessione molto rapida; implementazioni open-source; origine closed-source (Cisco/Microsoft).
L2TP/IPsec	Supporto legacy, collegamenti site-to-site	Per lo più obsoleto; sostituito da IKEv2/IPsec.
SSTP	Fallback su Windows	Nativo Windows, usa TCP 443; proprietario (Microsoft).
PPTP	Nessuno (solo legacy)	Non consigliato. Crittografia molto debole.
Altri (proprietari)	Funzioni specifiche del provider	Spesso guidati dal marketing; sicurezza simile al protocollo di base.

Dal punto di vista della privacy, evita PPTP e L2TP per connessioni pubbliche. WireGuard e OpenVPN sono in genere preferiti per la crittografia robusta e la trasparenza (open-source). IKEv2 è molto veloce, ha crittografia robusta ed è ideale per una connettività senza interruzioni sui dispositivi mobili.

OpenVPN esiste da circa 25 anni ed è considerato molto sicuro. Supporta AES-256 con OpenSSL e può funzionare su TCP o UDP. La modalità UDP è più veloce (senza acknowledgments) ma meno stabile; TCP è più lento ma può attraversare molti firewall. Gli esempi di configurazione client nella sezione 3.6 useranno il client ufficiale OpenVPN Connect per Windows, Android e iOS, e Tunnelblick per macOS.

WireGuard (rilasciato nel 2016) è progettato per essere snello e veloce. Ha una base di codice ridotta (circa 4.000 righe, contro le oltre 70.000 per OpenVPN), riducendo la superficie di attacco. Usa una suite crittografica moderna (Curve25519, ecc.) e raggiunge un throughput maggiore. Il compromesso: per progettazione mantiene in memoria indirizzi IP a breve termine per la connessione, quindi se il server registra i log potrebbe collegarti a un IP. Molti servizi attenti alla privacy mitigano questo aspetto usando server solo RAM che si auto-resettano, cancellando i log. In pratica, i guadagni di velocità di WireGuard (spesso circa il 50% più veloce di OpenVPN) e la facilità di configurazione (chiavi semplici) lo rendono un'ottima scelta. Windows, macOS, Android e iOS hanno client ufficiali WireGuard; su Linux useremo `wg-quick`.

IKEv2/IPsec è spesso integrato nei dispositivi. È robusto e veloce, soprattutto su mobile: può ristabilire automaticamente una connessione interrotta (quando si passa da Wi-Fi a rete cellulare) con un'interruzione minima. Usa una combinazione del protocollo IKEv2 e della crittografia IPsec. IKEv2/IPsec ha un'origine proprietaria, ma lo standard è ampiamente implementato ed è disponibile in progetti open-source (ad esempio Libreswan, strongSwan).

Protocolli deprecati: SSTP (il tunnel basato su SSL di Microsoft) è solo per Windows e funziona, ma manca di un supporto ampio. PPTP è fortemente sconsigliato: è stato compromesso da agenzie governative e altri. Se vedi "PPTP" da qualche parte, evita di usarlo. L2TP/IPsec (L2TP su IPsec) è migliore di PPTP ma può essere bloccato su alcune reti: usa invece IKEv2/IPsec.

3.2 Tabella di confronto VPN

Protocollo	Crittografia	Caso d'uso
OpenVPN (UDP/TCP)	AES-256 (OpenSSL), TLS 1.2/1.3	Uso generale; quando servono compatibilità e sicurezza
WireGuard	ChaCha20, Poly1305 (suite moderna)	Esigenze di alta velocità (streaming, gaming, P2P)
IKEv2/IPsec	IPsec (AES-256), scambio chiavi IKEv2	Mobile in movimento (mantiene la VPN attiva tra reti diverse)

Protocollo	Crittografia	Caso d'uso
L2TP/IPsec	IPsec a 256 bit, ma L2TP aggiunge overhead	Oggi poco usato; configurazioni legacy
SSTP	SSL/TLS (AES-256)	Alternativa su Windows se OpenVPN fallisce
PPTP	MPPE (RC4 debole)	Nessuno (da evitare)

Protocollo	Punti di forza	Punti deboli
OpenVPN (UDP/TCP)	Sicurezza comprovata, open-source, configurabile (UDP/TCP)	Più overhead (più lento di WireGuard), configurazione complessa
WireGuard	Semplice, molto veloce, base di codice ridotta	Il server conserva l'IP per breve tempo (mitigabile con server solo RAM)
IKEv2/IPsec	Riconnessione rapida (ottimo in roaming), ampia compatibilità	Porte fisse (UDP 500/4500) filtrabili
L2TP/IPsec	Compatibilità legacy su molti dispositivi	Spesso bloccato dai firewall; overhead extra
SSTP	Funziona su Windows tramite	Solo Windows, più lento (TCP), proprietario

Protocollo	Punti di forza	Punti deboli
	TCP 443 (difficile da bloccare)	
PPTP	Veloce per via della crittografia minima	Compromesso; non consigliato

3.3 Scegliere un servizio VPN

Per gli utenti avanzati, creare una VPN propria può essere un modo efficace per migliorare la privacy e la sicurezza online. Leggi la sezione successiva per maggiori dettagli. Altri, invece, potrebbero trovare più semplice abbonarsi a un servizio VPN. Considera questi criteri importanti quando scegli un servizio VPN:

- **Policy no-log:** Il provider non dovrebbe registrare la tua attività di navigazione. Cerca policy verificate da audit. Alcuni, come WARP di Cloudflare o Mullvad (DNS/VPN), dichiarano esplicitamente di non conservare log.

- **Giurisdizione:** Le aziende soggette alle leggi di alcuni Paesi potrebbero essere obbligate a consegnare i dati. Ad esempio, una VPN con sede negli Stati Uniti deve rispettare le citazioni in giudizio; tuttavia, con una rigorosa policy no-log potrebbe non avere nulla da consegnare.

- **Prestazioni e posizioni dei server:** Più server nel mondo significano velocità migliori e più opzioni di località.

- **Supporto multipiattaforma:** App GUI per Windows/macOS/Android/iOS, più configurazione manuale per router o Linux.

- **Kill switch:** Possibilità di bloccare tutto il traffico di rete se la VPN si disconnette, evitando perdite non protette.

- **Protocolli disponibili:** Come minimo OpenVPN e WireGuard oppure IKEv2.

- **Funzionalità aggiuntive:** Split tunneling, server double-hop (multi-hop), ad blocker integrati, ecc.

Qui non consiglieremo servizi specifici, ma queste linee guida ti aiuteranno a scegliere. Nelle prossime sezioni mostreremo come creare un server VPN personale e come configurare i client VPN sui propri dispositivi.

3.4 Crea la tua VPN

Creare una propria VPN può essere un modo efficace per migliorare la privacy e la sicurezza online, offrendo al contempo flessibilità e convenienza. Con le giuste risorse e la giusta guida, può essere un investimento prezioso per la tua sicurezza online.

In questa sezione imparerai a creare il tuo server VPN con WireGuard, OpenVPN e/o una VPN IPsec con IKEv2. Questa parte è pensata solo per **utenti avanzati**. Se preferisci abbonarti a un servizio VPN, salta questa parte e vai alla sezione 3.5 Configurare i client VPN WireGuard.

Per una trattazione più approfondita su come creare una VPN propria, consulta gli altri miei libri su https://amazon.com/author/linsong.

3.4.1 Creare un server cloud

Per creare la tua VPN, come primo passo ti servirà un server cloud o un server privato virtuale (VPS). Per riferimento, ecco alcuni provider di server popolari:

- DigitalOcean (https://www.digitalocean.com)
- Vultr (https://www.vultr.com)
- Linode (https://www.linode.com)
- OVH (https://www.ovhcloud.com/en/vps/)

Per prima cosa, scegli un provider di server. Quindi fai riferimento ai passaggi di esempio in questa sezione per iniziare. Per creare il proprio server è bene utilizzare l'ultima versione di Ubuntu Linux LTS o Debian Linux (Ubuntu 24.04 o Debian 13 al momento della scrittura) come sistema operativo, con 1 GB o più di memoria.

Gli utenti avanzati possono configurare il server VPN su un Raspberry Pi (https://raspberrypi.com). Per prima cosa accedi al tuo Raspberry Pi e apri il Terminale, quindi segui le istruzioni in questo capitolo per installare OpenVPN, WireGuard e/o una VPN IPsec con IKEv2. Prima di connetterti, potresti dover inoltrare le porte del tuo router verso l'IP locale del Raspberry Pi. Fai riferimento alle porte predefinite per ciascun tipo di VPN nelle sezioni successive.

Esempio: creare un server su DigitalOcean

1. Registrati per creare un account DigitalOcean: vai al sito web DigitalOcean (https://www.digitalocean.com) e registrati per creare un account se non l'hai già fatto.

2. Dopo aver effettuato l'accesso alla dashboard DigitalOcean, fai clic sul pulsante "Create" nell'angolo in alto a destra dello schermo e seleziona "Droplets" dal menu a discesa.

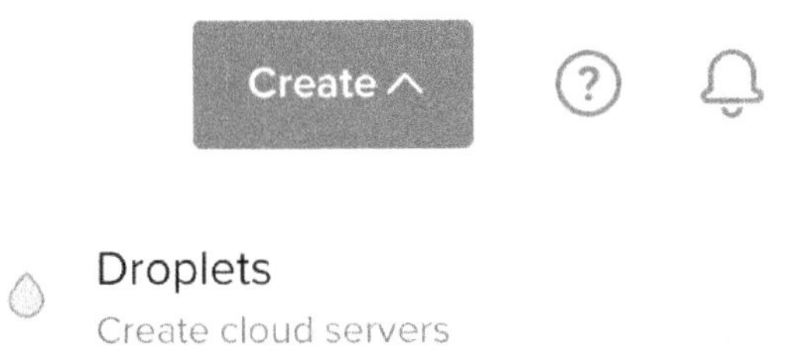

3. Seleziona una regione del data center in base alle tue esigenze, ad esempio quella più vicina alla tua posizione.

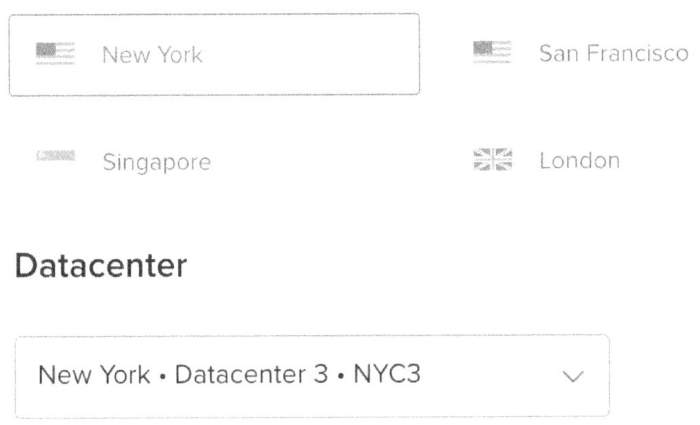

4. In "Choose an image", seleziona l'ultima versione di Ubuntu Linux LTS (ad esempio Ubuntu 24.04) dall'elenco delle immagini disponibili.

Version

24.04 (LTS) x64

5. Scegli un piano per il tuo server. Puoi selezionare tra varie opzioni in base alle tue esigenze. Per una VPN personale, un piano CPU condiviso di base con disco SSD normale e 1 GB di memoria è probabilmente sufficiente.

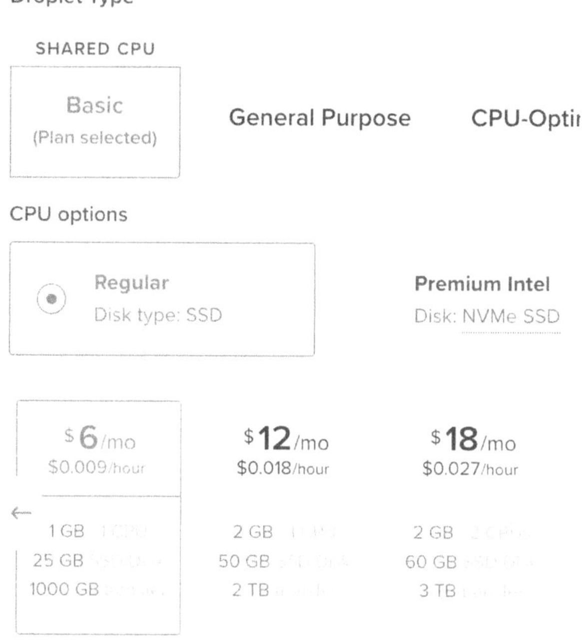

6. Seleziona "Password" come metodo di autenticazione, quindi inserisci una password di root forte e sicura. Per la sicurezza del tuo server, è fondamentale scegliere una

password di root forte e sicura. In alternativa, puoi utilizzare le chiavi SSH per l'autenticazione.

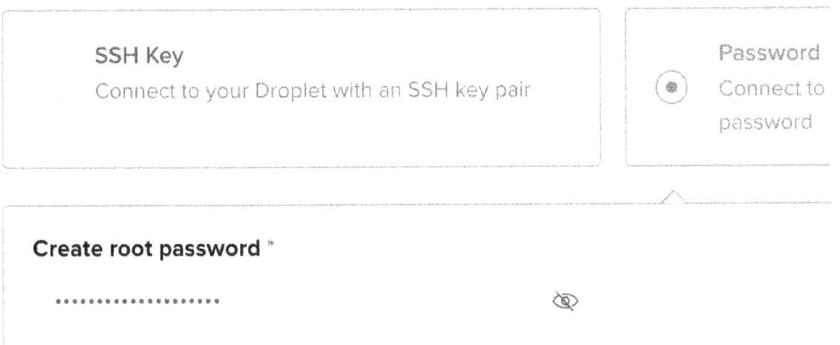

7. Seleziona eventuali opzioni aggiuntive come backup e IPv6, se lo desideri.

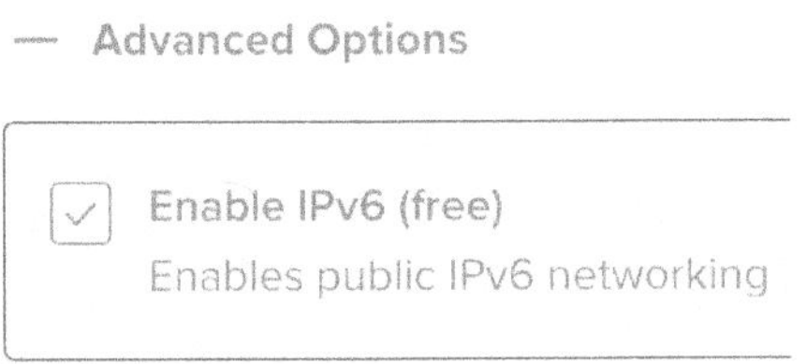

8. Inserisci un nome host per il tuo server e fai clic su "Create Droplet".

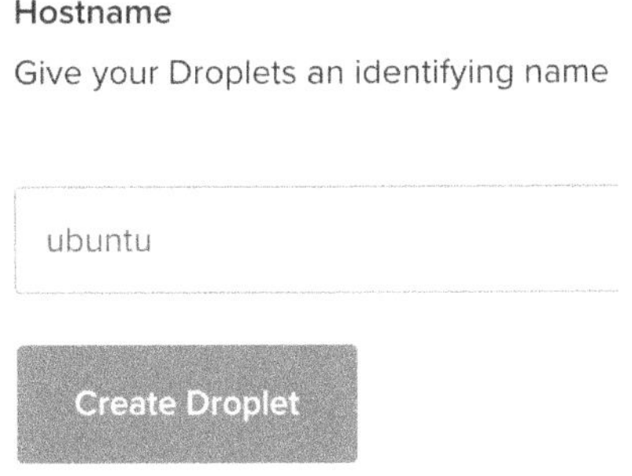

9. Attendi qualche minuto affinché il server venga creato.

Una volta che il server è pronto, puoi connetterti via SSH usando il nome utente `root` e la password inserita durante la creazione del server.

3.4.2 Connessione al server tramite SSH

Dopo aver creato il tuo server cloud, puoi accedervi tramite SSH. Puoi usare il terminale sul tuo computer locale o uno strumento come Git per Windows per connetterti al tuo server tramite il suo indirizzo IP e le tue credenziali di accesso root.

Per connetterti al tuo server tramite SSH da Windows, macOS o Linux, segui i passaggi sottostanti:

1. Apri il terminale sul tuo computer. Su Windows, puoi usare un emulatore di terminale come Git per Windows.

   Git per Windows: https://git-scm.com/downloads
   Scarica la versione portatile, quindi fai doppio clic per installare. Al termine, apri la cartella `PortableGit` e fai doppio clic per eseguire `git-bash.exe`.

2. Digita il seguente comando, sostituendo `username` con il tuo nome utente (ad esempio `root`) e `server-ip` con l'indirizzo IP o il nome host del tuo server:

   ```
   ssh username@server-ip
   ```

3. Se è la prima volta che ti connetti al server, potrebbe esserti richiesto di accettare l'impronta digitale della chiave SSH del server. Digita "yes" e premi Invio per continuare.

4. Se stai utilizzando una password per effettuare l'accesso, ti verrà chiesto di inserire la tua password. Digita la tua password e premi Invio.

5. Se è la prima volta che ti connetti al server e ti viene richiesto di modificare la password di root, immetti una nuova password complessa e sicura. Altrimenti, salta questo passaggio. Per la sicurezza del tuo server, è fondamentale scegliere una password di root complessa e sicura.

6. Una volta autenticato, accederai al server tramite SSH. Ora puoi eseguire comandi sul server tramite il terminale.

7. Per disconnetterti dal server, digita semplicemente il comando `exit` e premi Invio.

3.4.3 Aggiornare il server

Dopo esserti connesso al server tramite SSH, puoi aggiornarlo eseguendo i seguenti comandi e riavviando. Questo è facoltativo, ma consigliato.

```
sudo apt update && sudo apt -y upgrade
sudo reboot
```

Le best practice per la sicurezza dei server Linux consigliano di aggiornare regolarmente il sistema operativo del server per mantenerlo aggiornato con le ultime patch e gli ultimi aggiornamenti di sicurezza.

3.4.4 Installare WireGuard

GitHub: https://github.com/hwdsl2/wireguard-install

Per prima cosa, connettiti al tuo server tramite SSH.

Scarica lo script di installazione di WireGuard:

```
wget https://get.vpnsetup.net/wg -O wg.sh
```

Opzione 1: installare automaticamente WireGuard utilizzando le opzioni predefinite.

```
sudo bash wg.sh --auto
```

Per i server con un firewall esterno (ad esempio Amazon EC2), apri la porta UDP 51820 per la VPN.

Esempio di output:

```
$ sudo bash wg.sh --auto

WireGuard Script
https://github.com/hwdsl2/wireguard-install


Starting WireGuard setup using default options.

Server IP: 192.0.2.1
Port: UDP/51820
Client name: client
Client DNS: Google Public DNS

Installing WireGuard, please wait...
+ apt-get -yqq update
+ apt-get -yqq install wireguard qrencode
+ systemctl enable --now wg-iptables.service
+ systemctl enable --now wg-quick@wg0.service

------------------------------------
| Codice QR per la configurazione |
```

```
| del client                      |
  ________________________________

↑ That  is  a  QR  code  containing  the  client
configuration.

Finished!

The  client  configuration  is  available  in:
/root/client.conf
New  clients  can  be  added  by  running  this  script
again.
```

Dopo la configurazione, puoi eseguire nuovamente lo script
per gestire gli utenti o disinstallare WireGuard.

Passaggi successivi: fai in modo che il tuo computer o
dispositivo utilizzi la VPN. Consulta:

3.5 Configurare i client VPN WireGuard

Goditi la tua VPN personale!

Opzione 2: installazione interattiva utilizzando opzioni
personalizzate.

```
sudo bash wg.sh
```

Puoi personalizzare le seguenti opzioni: nome DNS del server
VPN, porta UDP, server DNS per i client VPN e nome del
primo client.

Passaggi di esempio (sostituire con i propri valori):

Nota: queste opzioni potrebbero cambiare nelle versioni più
recenti dello script. Leggi attentamente prima di selezionare
l'opzione desiderata.

```
$ sudo bash wg.sh

Welcome to this WireGuard server installer!
GitHub: https://github.com/hwdsl2/wireguard-install


I need to ask you a few questions before starting
setup. You can use the default options and just press
enter if you are OK with them.
```

Inserisci il nome DNS del server VPN:

```
Do you want WireGuard VPN clients to connect to this
server using a DNS name, e.g. vpn.example.com,
instead of its IP address? [y/N] y


Enter the DNS name of this VPN server:
vpn.example.com
```

Seleziona una porta UDP per WireGuard:

```
Which port should WireGuard listen to?
Port [51820]:
```

Fornisci un nome per il primo client:

```
Enter a name for the first client:
Name [client]:
```

Seleziona server DNS:

```
Select a DNS server for the client:
    1) Current system resolvers
    2) Google Public DNS
    3) Cloudflare DNS
    4) OpenDNS
    5) Quad9
```

```
 6) AdGuard DNS
 7) Custom
DNS server [2]:
```

Conferma e avvia l'installazione di WireGuard:

```
WireGuard installation is ready to begin.
Do you want to continue? [Y/n]
```

Gli utenti avanzati possono anche installare automaticamente WireGuard utilizzando opzioni personalizzate. Per maggiori dettagli, esegui:

```
sudo bash wg.sh -h
```

Dopo la configurazione, puoi eseguire nuovamente lo script per gestire gli utenti o disinstallare WireGuard.

Passaggi successivi: fai in modo che il tuo computer o dispositivo utilizzi la VPN. Consulta:

3.5 Configurare i client VPN WireGuard

Goditi la tua VPN personale!

3.4.5 Installare OpenVPN

GitHub: https://github.com/hwdsl2/openvpn-install

Per prima cosa, connettiti al tuo server tramite SSH.

Scarica lo script di installazione di OpenVPN:

```
wget https://get.vpnsetup.net/ovpn -O ovpn.sh
```

Opzione 1: installare automaticamente OpenVPN utilizzando le opzioni predefinite.

```
sudo bash ovpn.sh --auto
```

Per i server con un firewall esterno (ad esempio Amazon EC2), apri la porta UDP 1194 per la VPN.

Esempio di output:

```
$ sudo bash ovpn.sh --auto

OpenVPN Script
https://github.com/hwdsl2/openvpn-install

Starting OpenVPN setup using default options.

Server IP: 192.0.2.1
Port: UDP/1194
Client name: client
Client DNS: Google Public DNS

Installing OpenVPN, please wait...
+ apt-get -yqq update
+ apt-get -yqq --no-install-recommends install \
  openvpn
+ apt-get -yqq install openssl ca-certificates
+ ./easyrsa --batch init-pki
+ ./easyrsa --batch build-ca nopass
+ ./easyrsa --batch --days=3650 build-server-full \
  server nopass
+ ./easyrsa --batch --days=3650 build-client-full \
  client nopass
+ ./easyrsa --batch --days=3650 gen-crl
+ openvpn --genkey --secret \
  /etc/openvpn/server/tc.key
+ systemctl enable --now openvpn-iptables.service
```

```
+ systemctl enable --now \
  openvpn-server@server.service

Finished!


The    client    configuration    is    available    in:
/root/client.ovpn
New   clients   can   be   added   by   running   this   script
again.
```

Dopo la configurazione, puoi eseguire nuovamente lo script per gestire gli utenti o disinstallare OpenVPN.

Passaggi successivi: fai in modo che il tuo computer o dispositivo utilizzi la VPN. Consulta:

3.6 Configurare i client OpenVPN

Goditi la tua VPN personale!

Opzione 2: installazione interattiva utilizzando opzioni personalizzate.

```
sudo bash ovpn.sh
```

Puoi personalizzare le seguenti opzioni: nome DNS del server VPN, protocollo (TCP/UDP) e porta, server DNS per client VPN e nome del primo client.

Passaggi di esempio (sostituire con i propri valori):

Nota: queste opzioni potrebbero cambiare nelle versioni più recenti dello script. Leggi attentamente prima di selezionare l'opzione desiderata.

```
$ sudo bash ovpn.sh
```

```
Welcome to this OpenVPN server installer!
GitHub: https://github.com/hwdsl2/openvpn-install
```

```
I need to ask you a few questions before starting
setup. You can use the default options and just press
enter if you are OK with them.
```

Inserisci il nome DNS del server VPN:

```
Do you want OpenVPN clients to connect to this server
using a DNS name, e.g. vpn.example.com, instead of
its IP address? [y/N] y
```

```
Enter the DNS name of this VPN server:
vpn.example.com
```

Seleziona protocollo e porta per OpenVPN:

```
Which protocol should OpenVPN use?
   1) UDP (recommended)
   2) TCP
Protocol [1]:
```

```
Which port should OpenVPN listen to?
Port [1194]:
```

Seleziona server DNS:

```
Select a DNS server for the clients:
   1) Current system resolvers
   2) Google Public DNS
   3) Cloudflare DNS
   4) OpenDNS
   5) Quad9
   6) AdGuard DNS
```

```
  7) Custom
DNS server [2]:
```

Fornisci un nome per il primo client:

```
Enter a name for the first client:
Name [client]:
```

Conferma e avvia l'installazione di OpenVPN:

```
OpenVPN installation is ready to begin.
Do you want to continue? [Y/n]
```

Gli utenti avanzati possono anche installare automaticamente OpenVPN utilizzando opzioni personalizzate. Per maggiori dettagli, esegui:

```
sudo bash ovpn.sh -h
```

Dopo la configurazione, puoi eseguire nuovamente lo script per gestire gli utenti o disinstallare OpenVPN.

Passaggi successivi: fai in modo che il tuo computer o dispositivo utilizzi la VPN. Consulta:

3.6 Configurare i client OpenVPN

Goditi la tua VPN personale!

3.4.6 Installare IPsec VPN con IKEv2

GitHub: https://github.com/hwdsl2/setup-ipsec-vpn

Per prima cosa, connettiti al tuo server tramite SSH.

Scarica lo script di installazione IPsec VPN:

```
wget https://get.vpnsetup.net -O vpn.sh
```

Opzione 1: installare automaticamente utilizzando le opzioni predefinite.

```
sudo sh vpn.sh
```

Per i server con un firewall esterno (ad esempio Amazon EC2), apri le porte UDP 500 e 4500 per la VPN.

Esempio di output:

```
$ sudo sh vpn.sh


... ... (output omesso)
==================================

IPsec VPN server is now ready for use!

Connect to your new VPN with these details:

Server IP: 192.0.2.1
IPsec PSK: [il tuo PSK IPsec]
Username: vpnuser
Password: [la tua password VPN]


Write these down. You'll need them to connect!


VPN client setup: https://vpnsetup.net/clients


==================================

==================================

IKEv2 setup successful. Details for IKEv2 mode:
```

```
VPN server address: 192.0.2.1
VPN client name: vpnclient

Client configuration is available at:
/root/vpnclient.p12 (for Windows & Linux)
/root/vpnclient.sswan (for Android)
/root/vpnclient.mobileconfig (for iOS & macOS)

Next steps: Configure IKEv2 clients. See:
https://vpnsetup.net/clients
```

==================================

Dopo la configurazione, puoi eseguire `sudo ikev2.sh` per gestire i client IKEv2.

Passaggi successivi: fai in modo che il tuo computer o dispositivo utilizzi la VPN. Consulta:

Configurare i client VPN IKEv2:
https://github.com/hwdsl2/setup-ipsec-vpn#next-steps

Goditi la tua VPN personale!

Opzione 2: installazione interattiva utilizzando opzioni personalizzate.

```
sudo VPN_SKIP_IKEV2=yes sh vpn.sh
sudo ikev2.sh
```

Puoi personalizzare le seguenti opzioni: nome DNS del server VPN, nome e periodo di validità del primo client, server DNS per i client VPN e se proteggere con password i file di configurazione del client.

Passaggi di esempio (sostituire con i propri valori):

Nota: queste opzioni potrebbero cambiare nelle versioni più recenti dello script. Leggi attentamente prima di selezionare l'opzione desiderata.

```
$ sudo VPN_SKIP_IKEV2=yes sh vpn.sh
... ... (output omesso)
```

```
$ sudo ikev2.sh
```

```
Welcome! Use this script to set up IKEv2 on your VPN
server.
```

```
I need to ask you a few questions before starting
setup. You can use the default options and just press
enter if you are OK with them.
```

Inserisci il nome DNS del server VPN:

```
Do you want IKEv2 clients to connect to this server
using a DNS name, e.g. vpn.example.com, instead of
its IP address? [y/N] y
```

```
Enter     the     DNS     name     of     this     VPN     server:
vpn.example.com
```

Inserisci il nome e il periodo di validità del primo client:

```
Provide a name for the IKEv2 client.
Use one word only, no special characters except '-'
and '_'.
Client name: [vpnclient]
```

Specify the validity period (in months) for this
client certificate.
Enter an integer between 1 and 120: [120]

Specificare server DNS personalizzati:

By default, clients are set to use Google Public DNS
when the VPN is active.
Do you want to specify custom DNS servers for IKEv2?
[y/N] y

Enter primary DNS server: 1.1.1.1
Enter secondary DNS server (Enter to skip): 1.0.0.1

Selezionare se proteggere con password i file di
configurazione del client:

IKEv2 client config files contain the client
certificate, private key and CA certificate. This
script can optionally generate a random password to
protect these files.

Protect client config files using a password? [y/N]

Rivedere e confermare le opzioni di installazione:

We are ready to set up IKEv2 now.
Below are the setup options you selected.

==================================

Server address: vpn.example.com
Client name: vpnclient

Client cert valid for: 120 months

```
MOBIKE support: Not available
Protect client config: No
DNS server(s): 1.1.1.1 1.0.0.1


==================================


Do you want to continue? [Y/n]
```

Dopo la configurazione, puoi eseguire `sudo ikev2.sh` per gestire i client IKEv2.

Passaggi successivi: fai in modo che il tuo computer o dispositivo utilizzi la VPN. Consulta:

Configurare i client VPN IKEv2:
https://github.com/hwdsl2/setup-ipsec-vpn#next-steps

Goditi la tua VPN personale!

3.4.7 Trasferire i file dal server

Quando configuri i client VPN, potresti dover trasferire in modo sicuro i file di configurazione del client dal server al tuo computer locale. Un modo per farlo è usare il comando `scp`. Passaggi di esempio:

1. Apri il terminale sul tuo computer. Su Windows, puoi usare un emulatore di terminale come Git per Windows.

   Git per Windows: https://git-scm.com/downloads
   Scarica la versione portatile, quindi fai doppio clic per installare. Al termine, apri la cartella `PortableGit` e fai doppio clic per eseguire `git-bash.exe`.

2. Digita il seguente comando, sostituendo `username` con il tuo nome utente SSH (ad esempio `root`), `server-ip` con l'indirizzo IP o il nome host del tuo server, `/path/to/file` con il percorso del file sul server e `/local/folder` con la cartella locale in cui vuoi salvare il file.

```
scp username@server-ip:/path/to/file /local/folder
```

3. Ad esempio, se vuoi autenticarti come `root` e trasferire `/root/client.conf` dal server con indirizzo IP `192.0.2.1` alla cartella di lavoro corrente sul computer locale, digita:

```
scp root@192.0.2.1:/root/client.conf ./
```

Nota: se usi Git per Windows, la cartella locale / di solito punta alla cartella di installazione, ad esempio `PortableGit`.

4. Se stai utilizzando una password per effettuare l'accesso, ti verrà chiesto di inserire la tua password. Digita la tua password e premi Invio.

5. Il file verrà quindi trasferito dal server e salvato nella cartella locale specificata.

3.4.8 Disinstalla la VPN

Se vuoi rimuovere WireGuard, OpenVPN e/o IPsec VPN dal server, segui questi passaggi.

Attenzione: tutte le configurazioni VPN verranno **eliminate definitivamente**. Questo processo **non può essere annullato**!

Per prima cosa, connettiti al tuo server tramite SSH.

Per disinstallare WireGuard, esegui:

```
sudo bash wg.sh
```

Vedrai le seguenti opzioni:

```
WireGuard is already installed.

Select an option:
  1) Add a new client
  2) List existing clients
  3) Remove an existing client
  4) Show QR code for a client
  5) Remove WireGuard
  6) Exit
```

Seleziona l'opzione 5 dal menu, digitando 5 e premendo Invio. Quindi conferma la rimozione di WireGuard.

Nota: queste opzioni potrebbero cambiare nelle versioni più recenti dello script. Leggi attentamente prima di selezionare l'opzione desiderata.

Per disinstallare OpenVPN, esegui:

```
sudo bash ovpn.sh
```

Vedrai le seguenti opzioni:

```
OpenVPN is already installed.

Select an option:
  1) Add a new client
  2) Export config for an existing client
  3) List existing clients
  4) Revoke an existing client
```

```
5) Remove OpenVPN
6) Exit
```

Seleziona l'opzione 5 dal menu, digitando 5 e premendo Invio. Quindi conferma la rimozione di OpenVPN.

Per disinstallare IPsec VPN, scarica ed esegui lo script di supporto:

```
wget https://get.vpnsetup.net/unst -O unst.sh
sudo bash unst.sh
```

Quando richiesto, conferma la rimozione del VPN IPsec.

3.5 Configurare i client VPN WireGuard

I client VPN WireGuard sono disponibili per Windows, macOS, iOS, Android e Linux:
https://www.wireguard.com/install/

Per aggiungere una connessione VPN, apri l'app WireGuard sul tuo dispositivo mobile, tocca il pulsante "Aggiungi", quindi scansiona il codice QR o importa il file di configurazione `.conf` dal tuo provider VPN o dal tuo server. Per Windows e macOS, prima trasferisci in modo sicuro il file `.conf` sul tuo computer, poi apri WireGuard e importa il file.

Per gestire i client VPN WireGuard sul tuo server, esegui di nuovo lo script di installazione: `sudo bash wg.sh`.

3.5.1 Windows

1. Trasferisci in modo sicuro il file `.conf` sul tuo computer.
2. Installa e avvia il client VPN WireGuard (https://www.wireguard.com/install/).

3. Fai clic su **Importa tunnel da file**.

4. Cerca e seleziona il file `.conf`, quindi fai clic su **Apri**.

5. Fai clic su **Attiva**.

3.5.2 macOS

1. Trasferisci in modo sicuro il file `.conf` sul tuo computer.

2. Installa e avvia l'app **WireGuard** dall'**App Store**.

3. Fai clic su **Importa tunnel da file**.

4. Cerca e seleziona il file `.conf`, quindi fai clic su **Importa**.

5. Fai clic su **Attivato**.

3.5.3 Android

1. Installa e avvia l'app **WireGuard** da **Google Play**.

2. Tocca il pulsante "+", quindi tocca **Scansiona da codice QR**.

3. Scansiona il codice QR dal tuo server VPN.

4. Inserisci qualsiasi cosa desideri per **Nome tunnel**.

5. Tocca **Crea tunnel**.

6. Fai scorrere l'interruttore su ON per il nuovo profilo VPN.

3.5.4 iOS (iPhone/iPad)

1. Installa e avvia l'app **WireGuard** da **App Store**.

2. Tocca **Aggiungi un tunnel**, quindi tocca **Crea da codice QR**.

3. Scansiona il codice QR dal tuo server VPN.

4. Inserisci qualsiasi cosa desideri per il nome tunnel.

5. Tocca **Salva**.

6. Fai scorrere l'interruttore su ON per il nuovo profilo VPN.

3.5.5 Linux

Installa il pacchetto e gli strumenti:

```
sudo apt update
sudo apt install wireguard -y
```

Il tuo provider VPN o il tuo server ti fornisce un file di configurazione `.conf` oppure le chiavi. Un file di configurazione di base in `/etc/wireguard/wg0.conf` è simile a questo:

```
[Interface]
PrivateKey = <your_private_key>
Address = 10.0.0.2/24


[Peer]
PublicKey = <server_public_key>
Endpoint = vpn.example.com:51820
AllowedIPs = 0.0.0.0/0
PersistentKeepalive = 25
```

Nota: `AllowedIPs = 0.0.0.0/0` significa che tutto il traffico passa attraverso la VPN (gateway predefinito). Puoi personalizzare questa impostazione (split tunneling) usando una subnet più specifica per `AllowedIPs`.

Salva la configurazione come `/etc/wireguard/wg0.conf` (con permessi corretti: `chmod 600 wg0.conf`). Quindi avvia WireGuard:

```
sudo wg-quick up wg0
```

Questo crea l'interfaccia `wg0` e instrada il traffico attraverso di essa. Per farla avviare all'accensione:

```
sudo systemctl enable wg-quick@wg0
```

Verifica lo stato con `wg show wg0` per assicurarti che sia connesso. La semplicità di WireGuard significa che **non serve alcun software di tunneling aggiuntivo** oltre al modulo del kernel e `wg-quick`.

3.6 Configurare i client OpenVPN

I client OpenVPN (https://openvpn.net/client/) sono disponibili per Windows, macOS, iOS, Android e Linux. Gli utenti macOS possono anche usare Tunnelblick (https://tunnelblick.net).

Per aggiungere una connessione VPN, prima trasferisci in modo sicuro il file `.ovpn` dal tuo provider VPN o dal tuo server al dispositivo, poi apri l'app OpenVPN e importa il profilo VPN.

Per gestire i client OpenVPN sul tuo server, esegui di nuovo lo script di installazione: `sudo bash ovpn.sh`.

3.6.1 Windows

1. Trasferisci in modo sicuro il file `.ovpn` sul tuo computer.
2. Scarica e installa OpenVPN Connect (https://openvpn.net/client/).
3. Avvia il client VPN **OpenVPN Connect**.
4. Nella schermata **Get connected**, fai clic sulla scheda **Upload file**.
5. Trascina e rilascia il file `.ovpn` nella finestra oppure cerca e seleziona il file `.ovpn`, quindi fai clic su **Apri**.
6. Fai clic su **Connect**.

3.6.2 macOS

1. Trasferisci in modo sicuro il file .ovpn sul tuo computer.
2. Installa e avvia Tunnelblick (https://tunnelblick.net).
3. Nella schermata di benvenuto, fai clic su **Possiedo un file di Configurazione**.
4. Nella schermata **Aggiungi una configurazione**, fai clic su **OK**.
5. Fai clic sull'icona Tunnelblick nella barra dei menu, quindi seleziona **Dettagli VPN**.
6. Trascina e rilascia il file .ovpn nella finestra **Configurazioni** (riquadro a sinistra).
7. Segui le istruzioni sullo schermo per installare il profilo OpenVPN.
8. Fai clic su **Connetti**.

3.6.3 Android

1. Trasferisci in modo sicuro il file .ovpn sul tuo dispositivo Android.
2. Installa e avvia **OpenVPN Connect** da **Google Play**.
3. Nella schermata **Get connected**, tocca la scheda **Upload file**.
4. Tocca **Browse**, quindi cerca e seleziona il file .ovpn.
   Nota: per trovare il file .ovpn, tocca il pulsante del menu a tre righe, quindi cerca la posizione in cui hai salvato il file.
5. Nella schermata **Imported Profile**, tocca **Connect**.

3.6.4 iOS (iPhone/iPad)

Per prima cosa, installa e avvia **OpenVPN Connect** dall'**App Store**. Quindi trasferisci in modo sicuro il file `.ovpn` sul tuo dispositivo iOS. Per trasferire il file, puoi:

1. Inviare il file tramite AirDrop e aprirlo con OpenVPN, oppure
2. Caricarlo sul tuo dispositivo (cartella dell'app OpenVPN) usando condivisione file (https://support.apple.com/it-it/119585), quindi avviare l'app OpenVPN Connect e toccare la scheda **File**.

Al termine, tocca **Add** per importare il profilo VPN, quindi tocca **Connect**.

Per personalizzare le impostazioni per l'app OpenVPN Connect, tocca il pulsante del menu a tre linee, quindi tocca **Settings**.

3.6.5 Linux

Installa il pacchetto e gli strumenti:

```
sudo apt update
sudo apt install openvpn -y
```

Supponendo di avere un file di configurazione `.ovpn` dal tuo provider VPN o dal tuo server, puoi connetterti con:

```
sudo openvpn --config /path/to/client.ovpn
```

Questo eseguirà OpenVPN nel terminale. Vedrai l'output dei log mentre si connette. Per eseguire il client OpenVPN come servizio in background, consulta la wiki di OpenVPN:

https://community.openvpn.net/Pages/Systemd

3.7 Kill switch VPN e protezione dalle perdite

Una funzionalità chiave è il *kill switch* (o *network lock*): se la connessione VPN cade, il kill switch interrompe tutto il traffico per prevenire perdite. Molti client VPN hanno un'opzione (spesso in "Impostazioni → Firewall / Kill Switch") per abilitarla. Ad esempio, in WireGuard su Windows c'è un'opzione "Always-on VPN"; su Android puoi abilitare un blocco per "quando la VPN non è connessa". Su Linux puoi scrivere regole del firewall. Esempio (con `iptables` su Debian/Ubuntu):

```
# Consenti il traffico solo tramite wg0;
# blocca eth0 (o wlan0) se wg0 è inattiva.
sudo iptables -A OUTPUT ! -o wg0 -m conntrack --
ctstate NEW,ESTABLISHED -j DROP
```

Questa riga dice: qualsiasi connessione in uscita nuova o esistente che non passi dall'interfaccia `wg0` deve essere scartata. (Attenzione: prova in una console prima di riavviare, per evitare di essere bloccato fuori.) Le regole esatte dipendono dal firewall della tua distribuzione (ufw, firewalld, ecc.). Molte distribuzioni hanno **ufw** (Uncomplicated Firewall); puoi fare qualcosa del tipo:

```
sudo ufw default deny outgoing
sudo ufw allow out on wg0
sudo ufw allow in on wg0
sudo ufw enable
```

Questo blocca tutto il traffico in uscita a meno che non passi sulla VPN. (Quello sopra è un esempio semplificato: adattalo alle tue esigenze.) I client grafici hanno spesso questa funzione integrata, ma capire le regole del firewall sottostanti è utile per server/router.

4 DNS sicuro e resolver locali

Anche con una VPN, il tuo dispositivo esegue comunque ricerche DNS. Se la VPN non configura il DNS, il sistema potrebbe usare per impostazione predefinita il DNS dell'ISP (che a suo tempo potrebbe registrare le tue query). Per colmare questa lacuna, usa un DNS crittografato o un resolver locale.

4.1 Perché la privacy del DNS è importante

Il DNS (Domain Name System) traduce i nomi in IP. In forma non protetta, **ogni dispositivo sulla tua rete sta "urlando in chiaro: qual è l'IP di example.com?"**. Anche la risposta torna in modo simile. Gli intercettatori (inclusi il tuo ISP o l'operatore dell'hotspot Wi-Fi) possono registrare ogni sito che visiti tramite queste query. Anche con una VPN, se quest'ultima ha una configurazione errata o usi lo split tunneling, il DNS potrebbe comunque "perdere" dati.

Strumenti per proteggere la privacy del DNS:

- **DNS over HTTPS (DoH)**: crittografa le query DNS usando HTTPS. Browser come Firefox e Chrome supportano DoH, così come alcuni sistemi operativi (Windows 11, Android 9+).

- **DNS over TLS (DoT)**: crittografa le query DNS su TLS (porta 853 per impostazione predefinita). Il "DNS privato" di Android è DoT.

- **DNSCrypt cifrato**: un protocollo più vecchio ma ancora usato (DNSCrypt) che cifra il DNS tra client e server. Lo strumento `dnscrypt-proxy` può funzionare da client e inoltrare le query verso server DNS cifrati.

- **DNSSEC**: firma crittograficamente i record DNS. Garantisce l'integrità (nessuna manomissione), ma non cifra le query. Spesso si usa insieme ai metodi sopracitati.

Resolver ricorsivo locale (Unbound): invece di usare un resolver di terze parti, puoi eseguire il tuo resolver DNS sul dispositivo o sul router. In questo modo il dispositivo interroga *il tuo server Unbound locale* (spesso a 127.0.0.1) e Unbound recupera ricorsivamente la risposta dai server root/autoritativi. Se Unbound non è configurato bene (senza crittografia), l'ISP potrebbe comunque vedere tali query (a meno che non sia abbinato a DoT/DoH upstream). Il vantaggio, però, è che puoi applicare filtri (bloccare pubblicità/malware) ed evitare di dipendere dai log di terze parti. Red Hat osserva che "usando un resolver tuo, smetti di condividere il traffico DNS con terze parti e aumenti la privacy del DNS".

4.2 Esempi di DNS crittografato

Windows 11 (DNS over HTTPS): Windows 11 supporta DoH in modo nativo. In Impostazioni → Rete e Internet → Wireless (o Ethernet) → [la tua scheda] → Assegnazione server DNS, puoi impostare il DNS e scegliere "Encrypted only (DNS over HTTPS)". Se il provider DNS (come Cloudflare o Quad9) è preconfigurato, selezionalo. In caso contrario, puoi aggiungere un server DoH personalizzato.

macOS: le versioni più recenti di macOS (Big Sur e successive) supportano nativamente DoT e DoH tramite profili di configurazione. Fai riferimento alla guida del tuo provider DNS, ad esempio Quad9 (https://docs.quad9.net).

Android: su Android 9 e successivi, vai su **Impostazioni → Rete e Internet → Avanzate → DNS privato**. Inserisci l'hostname del provider DNS (ad esempio `dns.google` per Google, `dns.quad9.net` per Quad9, `1dot1dot1dot1.cloudflare-dns.com` per Cloudflare) e salva. Questo abilita DoT per tutte le app.

iOS: in iOS 14+ Apple ha introdotto "relay privato iCloud" per Safari (argomento trattato più avanti). Per il DNS, per impostazione predefinita l'iPhone usa il DNS del Wi-Fi o della rete cellulare. Puoi usare profili VPN o app (come l'app AdGuard DNS) per impostare DNS su server cifrati. Non esiste un'interfaccia di sistema integrata per DoT su iOS.

Linux: strumenti come `systemd-resolved` supportano DoH/DoT, oppure puoi usare `dnscrypt-proxy` o `cloudflared`. Ad esempio, per usare DoT di Cloudflare con `systemd-resolved`, aggiungi a `/etc/systemd/resolved.conf`:

```
[Resolve]
DNS=1.1.1.1
FallbackDNS=1.0.0.1
DNSOverTLS=yes
```

Poi esegui `sudo systemctl restart systemd-resolved`. Ora `/etc/resolv.conf` punta a 127.0.0.53 (cioè systemd-resolved), ma le query vengono inviate cifrate da Cloudflare.

4.3 Confronto tra provider DNS

Di seguito trovi un confronto tra i più diffusi provider DNS pubblici orientati alla privacy, con un riepilogo delle funzionalità:

Servizio DNS	Indirizzi IPv4	Riepilogo privacy e funzionalità
Cloudflare	1.1.1.1, 1.0.0.1	Supporta DoH/DoT. Rete globale veloce; blocco opzionale di malware/contenuti per adulti (1.1.1.2/1.1.1.3).
Quad9	9.9.9.9, 149.112.112.112	Blocca i domini malevoli noti. Supporta DoH/DoT/DNSCrypt.
Google Public DNS	8.8.8.8, 8.8.4.4	Supporta DoH. Affidabile e veloce.
AdGuard DNS	94.140.14.14, 94.140.15.15	Blocco pubblicità (anche modalità Safe Search). Supporta DoH/DoT/DNSCrypt. Offre filtri (pubblicità/malware).
NextDNS	Varia	Log configurabili dall'utente, minimizzazione delle query. Filtri estesi disponibili (pubblicità, tracker, minacce).

Servizio DNS	Indirizzi IPv4	Riepilogo privacy e funzionalità
Mullvad DNS	193.138.219.74, 193.138.218.74	Offre blocco contenuti/pubblicità. Ottima privacy, anche se su scala più ridotta.
OpenDNS (Cisco)	208.67.222.222, 208.67.220.220	Orientato al business; filtri e controlli parentali disponibili.
ControlD	Varia	Supporta filtri e DoH/DoT/DoQ.

Note sui provider DNS: Cloudflare e Quad9 vengono spesso consigliati agli utenti attenti alla privacy. La policy di Cloudflare di eliminare rapidamente i log è solida, ma è da considerare la sua giurisdizione statunitense. La rigorosa politica di Quad9 di non registrare gli IP e la sua sede in Svizzera sono aspetti interessanti. AdGuard è unico per la sua funzionalità di blocco pubblicità integrato, utile per le famiglie o per chi vuole ridurre il tracciamento. NextDNS è altamente personalizzabile e rispettoso della privacy, ma richiede un po' più di configurazione (tramite la loro app iOS/Android o con inserimenti DNS manuali).

4.4 Unbound come resolver locale

Eseguire **Unbound** offre un controllo aggiuntivo. Su Linux/FreeBSD, Unbound può fungere da resolver DNS ricorsivo con cache verso cui puntare il DNS del sistema (127.0.0.1 per impostazione predefinita). I vantaggi includono la validazione DNSSEC, la cache per velocità e la possibilità di applicare Response Policy Zones (RPZ) per bloccare domini (ad es. pubblicità, tracker). Tuttavia, per impostazione predefinita, Unbound interrogherà i server root in chiaro. Per cifrare tali query, puoi:

- Configurare forwarder in Unbound per usare DoT/DoH a monte (ad es. Cloudflare o Quad9 su TLS).
- Usare la direttiva `stub` (ad es. `stub-zone:`) per server cifrati.

Esempio di installazione (Ubuntu):

```
sudo apt update
sudo apt install unbound -y
```

Esempio di configurazione di base:

Modifica `/etc/unbound/unbound.conf` (oppure crea un file in `/etc/unbound/conf.d/`):

```
server:
  interface: 127.0.0.1
  access-control: 127.0.0.1 allow
  root-hints: "/etc/unbound/root.hints"
  auto-trust-anchor-file: "/var/lib/unbound/root.key"

forward-zone:
  name: "."
  forward-addr: 1.1.1.1@853   # Cloudflare DoT
  forward-addr: 1.0.0.1@853   # Cloudflare secondario
  # In alternativa, per Quad9:
  # forward-addr: 9.9.9.9@853
```

Questo dice a Unbound di ascoltare su localhost e inoltrare tutto tramite Cloudflare cifrato. Dovrai scaricare root.hints aggiornato (wget -O /etc/unbound/root.hints

https://www.internic.net/domain/named.root) ed eseguire
unbound-anchor per ottenere root.key per DNSSEC. Poi
avvia Unbound: `sudo systemctl enable unbound && sudo systemctl start unbound`.

Test:

```
dig example.com @127.0.0.1
```

Cerca `SERVER: 127.0.0.1#53` nell'output di dig. Se mostra
`127.0.0.1#53`, ha risposto Unbound. In confronto, `dig example.com` (con il resolver predefinito) mostra `SERVER: 127.0.0.53#53` su Ubuntu, indicando che `systemd-resolved` sta rispondendo.

Nota sulla privacy: come osserva Red Hat, usare Unbound in proprio significa che, per impostazione predefinita, non stai condividendo il DNS con Google/Cloudflare. Tuttavia, per schermarti dal tuo ISP, assicurati di usare la cifratura DNS a monte. Puoi anche eseguire Unbound sul router (se supportato) per servire la rete domestica.

4.5 dnscrypt-proxy e altri strumenti

Lo strumento `dnscrypt-proxy` è un altro modo per cifrare il DNS. Può agire come server DNS locale, inoltrando verso provider DNSCrypt o DoH scelti.

Installazione su Linux (ad es. Ubuntu):

```
sudo apt install dnscrypt-proxy
```

Si installa in `/etc/dnscrypt-proxy/dnscrypt-proxy.toml`. Modifica quel file per selezionare i server (ad esempio `'cloudflare'`, `'quad9-dnscrypt-ip4'`) e impostare

```
listen_addresses = ['127.0.0.1:53']
```
. Poi:

```
sudo systemctl enable dnscrypt-proxy
sudo systemctl start dnscrypt-proxy
```

Ora imposta il DNS del sistema su 127.0.0.1. `dnscrypt-proxy` cifrerà le query (ad esempio verso l'endpoint DNSCrypt di Cloudflare).

Anche se non copriremo ogni variante, l'idea chiave è: **cifra il tuo DNS**. Che sia tramite impostazioni del sistema operativo, del browser (l'impostazione DNS-over-HTTPS di Firefox) o proxy locali come `dnscrypt-proxy`, impedisci agli osservatori lungo il percorso di conoscere le tue query DNS. Questo migliora molto la privacy, perché anche il tuo ISP non può sapere quali siti stai risolvendo.

5 Strumenti per browser e privacy online

Dopo aver messo in sicurezza il livello di rete, dobbiamo rafforzare l'endpoint: il browser web o l'app con cui trascorri più tempo. I browser moderni hanno funzioni di privacy integrate e supportano estensioni. Qui copriamo strategie generali e strumenti specifici per i browser.

5.1 Prevenzione del tracciamento e blocco degli annunci

La maggior parte dei browser ora include funzioni per bloccare i tracker tra siti e il fingerprinting. Ad esempio, **Safari** usa di default Intelligent Tracking Prevention (ITP). Nasconde il tuo IP ai tracker e blocca i cookie di terze parti noti. In modalità Navigazione privata, Safari va oltre: "ai tracker noti viene completamente impedito di caricarsi sulle pagine e la protezione dal tracciamento dei link rimuove il tracciamento aggiunto agli URL durante la navigazione".

Firefox offre la **Protezione anti tracciamento avanzata**, bloccando per impostazione predefinita tracker noti e cryptominer (di solito la modalità "Standard" blocca i social tracker, la modalità "Rigida" blocca di più). Le estensioni **Facebook Container** e **Multi-Account Containers** permettono di isolare i siti in contenitori separati, impedendo il tracciamento tra siti basato sui cookie.

Ad blocker: estensioni come uBlock Origin (plugin del browser o a livello di sistema) possono bloccare annunci, tracker e anche script. Bloccare gli annunci non riguarda solo velocità/pulizia; impedisce anche il caricamento di molti script di tracciamento. Ad esempio, puoi usare **uBlock Origin** su Chrome/Firefox oppure il browser **Brave**, che ha un blocco integrato forte di annunci e tracker.

Protezione dal fingerprinting: alcuni browser (Firefox, Brave, Safari) cercano di ridurre la fingerprintability. Safari "presenta una configurazione di sistema semplificata così che più dispositivi appaiano identici ai tracker". Brave e Firefox possono bloccare o randomizzare alcuni identificatori (ad es. blocco del canvas fingerprinting in Brave Shields, Resist Fingerprinting nelle opzioni privacy di Firefox).

5.2 Navigazione privata e contenitori

Usa la modalità privata/incognito per sessioni che non vuoi che vengano salvate. Questo impedisce che cronologia locale e cookie persistano. Tuttavia è da considerare che la modalità privata *non* nasconde il traffico agli osservatori di rete (è esposto come in modalità normale). Serve soprattutto sullo stesso dispositivo.

Per una separazione di lungo periodo, i **contenitori** del browser (ad es. l'estensione Multi-Account Containers di Firefox) sono ottimi. Puoi assegnare identità (contenitori) a siti diversi (ad es. lavoro vs. personale). Ogni contenitore ha il proprio spazio di archiviazione, quindi i cookie in uno non "passano" agli altri. Questo impedisce, ad esempio, a Facebook di tracciare le tue visite su altri siti tramite cookie condivisi. Esempio: Gmail in un contenitore, banche in un altro, social media in un terzo.

5.3 Confronto sulla privacy dei browser

Una rapida panoramica dei browser più diffusi e delle loro funzioni di privacy:

- **Safari (Apple):** Intelligent Tracking Prevention (ITP) di default; Rapporti sulla privacy; sandboxing. La Navigazione privata blocca automaticamente le finestre quando inattive (richiede autenticazione). Apple è molto orientata alla privacy (include anche relay privato, simile a una VPN; vedi Capitolo 7).

- **Firefox (Mozilla):** forte protezione anti tracciamento di default; open source; supporta molte estensioni per la privacy. Tracker social e tra siti bloccati per impostazione predefinita. Gli utenti possono passare alla modalità "Rigida" per un blocco maggiore.

- **Brave:** blocco integrato di annunci e tracker (Brave Shields), randomizzazione del fingerprint, finestre Tor integrate (basato su Chromium). Progettato "privacy-first"; su alcune piattaforme include anche Brave Firewall+VPN.

- **DuckDuckGo Privacy Browser (mobile):** focalizzato sulla privacy; blocca tracker; usa DuckDuckGo come motore di ricerca predefinito; interfaccia più semplice.

- **Google Chrome e Microsoft Edge:** di default più permissivi; ma entrambi hanno modalità incognito e DoH opzionale. Servono estensioni per maggiore privacy (come uBlock Origin, HTTPS Everywhere). Edge (Chromium) offre alcuni livelli di prevenzione del tracciamento.

- **Tor Browser:** il più orientato alla privacy (basato su Firefox ESR). Instrada il traffico sulla rete Tor (hop multipli). Protegge dalla sorveglianza di rete e dal fingerprinting per progettazione (tutti gli utenti appaiono identici). Lo svantaggio principale è la velocità e alcune incompatibilità con i siti.

Non possiamo elencare tutti i browser, ma come regola possiamo dire che è bene usare un browser che consenta di bloccare facilmente i tracker e si aggiorni spesso. Per l'uso quotidiano, Firefox o Brave sono buone scelte; usa Tor Browser quando ti serve anonimato elevato (ad es. per aggirare la censura).

5.4 Configurazioni sicure del browser

Di seguito alcuni consigli per configurazioni sicure del browser, indipendentemente dalla scelta:

- Usa HTTPS ovunque. Molti browser ora usano HTTPS di default o hanno una modalità "Solo HTTPS" (Firefox). L'estensione **HTTPS Everywhere** (di EFF) può forzare HTTPS dove disponibile.

- Disattiva le perdite WebRTC. I browser con WebRTC (Chrome, Firefox, Edge) possono rivelare il tuo IP reale in certe condizioni. Estensioni o impostazioni per disattivare WebRTC (ad es. in Firefox `media.peerconnection.enabled = false` in `about:config`) aiutano a prevenire la perdita.

- Abilita "Do Not Track" (anche se la maggior parte dei tracker lo ignora). Più importante: usa uBlock Origin o i blocchi contenuti integrati.

- Evita di installare troppe estensioni (ognuna aumenta la superficie d'attacco). Usa solo quelle ben note e tienile aggiornate.

- Disattiva Autocompletamento/salvataggio password nel browser se usi un password manager dedicato (per igiene di sicurezza).

5.5 Esempio: abilitare il DoH di Firefox

Come guida pratica passo passo, ecco come abilitare il DNS-over-HTTPS in Firefox (multipiattaforma):

1. Apri **Impostazioni → Generali → Impostazioni di rete** (in fondo alla pagina).
2. Clicca su **Impostazioni...** accanto a "Impostazioni di rete".
3. Scorri verso il basso e seleziona **Abilita DNS su HTTPS**.
4. Scegli un provider (Cloudflare per impostazione predefinita) oppure inseriscine uno personalizzato.
5. Clicca su **OK**.

Ora Firefox invierà le richieste DNS tramite HTTPS, indipendentemente dal DNS di sistema. Puoi verificare ciò in `about:networking#dns` (Firefox 98+) oppure in `about:debugging#/runtime/this-firefox` nelle versioni precedenti.

6 Impostazioni di privacy del sistema operativo e del dispositivo

Oltre ad app e reti, il sistema operativo del tuo dispositivo include controlli di privacy integrati. Qui copriamo le impostazioni principali su Windows, macOS, Android e iOS, oltre ad alcune estensioni del browser e strumenti a livello di sistema.

6.1 Privacy di Windows

Impostazioni di Windows 11/10:

- **Impostazioni di privacy e sicurezza:** Vai su **Impostazioni → Privacy e sicurezza** per configurare le impostazioni di sicurezza e le autorizzazioni di Windows/delle app. Ad esempio, in **Autorizzazioni di Windows → Generali**, puoi disattivare opzioni come "Consenti alle app di mostrarmi annunci personalizzati utilizzando il mio ID pubblicitario".

- **Autorizzazioni:** In **Privacy e sicurezza → Autorizzazioni app**, controlla quali app possono accedere a fotocamera, microfono, posizione, ecc. Consenti l'accesso solo alle app essenziali.

- **Servizi di localizzazione:** Disattiva la localizzazione se non ti serve, oppure limitane l'uso a determinate app.

- **Diagnostica e telemetria:** In **Impostazioni → Privacy e sicurezza → Diagnostica e feedback**, imposta i dati diagnostici solo su "Obbligatori" e disattiva le esperienze personalizzate. (In ambito aziendale potrebbe esserci più controllo tramite criteri di gruppo.)

- **Limita la condivisione dei dati con Microsoft:** Disattiva l'invio di dati aggiuntivi sull'utilizzo dei prodotti Microsoft.

- **Windows Firewall e VPN:** Assicurati che il firewall integrato sia attivo. Puoi anche configurare una VPN integrata di Windows (SSTP, PPTP, IKEv2) in **Rete e Internet → VPN** se non usi client di terze parti.

- **BitLocker:** Abilita BitLocker (crittografia completa del disco) per proteggere i dati sul computer (**Impostazioni → Privacy e sicurezza → Crittografia dispositivo**).

6.2 Privacy di macOS

macOS ha un solido modello di sicurezza. Passaggi chiave:

- **Preferenze di Sistema → Sicurezza e Privacy:** Nella scheda Privacy, controlla **Servizi di localizzazione, Contatti, Calendari, Fotocamera, Microfono, Accesso completo al disco, Registrazione schermo**, ecc. Concedi alle app l'accesso a solo ciò di cui hanno davvero bisogno.

- **Sicurezza di Safari:** Le preferenze di Safari includono l'attivazione di "Avviso sito web fraudolento", il blocco di pop-up/annunci e altro.

- **FileVault:** Abilita FileVault (crittografia completa del disco) per proteggere i dati a riposo.

- **Gatekeeper e aggiornamenti:** Mantieni macOS aggiornato. In **Sicurezza e Privacy → Generali**, consenti solo App Store oppure App Store + sviluppatori identificati.

- **Firewall:** Attiva il firewall di macOS (**Sicurezza e Privacy → Firewall**). L'opzione "Modalità stealth" nasconde il Mac dalle scansioni.

6.3 Privacy di Android

Android ha migliorato la privacy nelle versioni recenti:

- **Autorizzazioni:** In **Impostazioni → Privacy → Gestione autorizzazioni**, controlla l'uso per autorizzazione (Posizione, Fotocamera, ecc.). Revoca quelle non desiderate.

- **Servizi di localizzazione:** Puoi consentire la posizione solo mentre l'app è in uso, oppure disattivarla a livello di sistema.

- **Attività in background: Impostazioni → App → Vedi tutte → [app] → Batteria**, limita l'uso in background per le app che non ne hanno bisogno.

- **DNS privato:** Come visto in precedenza, imposta il DNS privato su un resolver cifrato (**Impostazioni → Rete e Internet → Avanzate → DNS privato**).

- **Notifiche nella schermata di blocco:** Limita cosa viene mostrato quando il dispositivo è bloccato.

- **Servizi Google:** Nelle impostazioni Google (Account), disattiva la personalizzazione degli annunci e "Consenti utilizzo e diagnostica" per Google.

- **Android 14+:** La Dashboard sulla privacy mostra quanto spesso le app accedono a dati sensibili. Usala per individuare comportamenti insoliti. Inoltre, stanno emergendo funzioni di Privacy Sandbox (alternative a FLoC).

6.4 Privacy di iOS

iOS è noto per i controlli granulari:

- **Impostazioni → Privacy e sicurezza:** Controlla ogni categoria (Servizi di localizzazione, Contatti, Foto, Microfono, ecc.) e disattiva gli accessi indesiderati.

- **Tracker:** In **Impostazioni → Privacy e sicurezza → Tracciamento**, disattiva "Richiesta tracciamento attività" per bloccare le richieste di tracciamento.

- **Safari:** In **Impostazioni → (App →) Safari**, abilita "Impedisci monitoraggio tra siti web" e "Nascondi indirizzo IP" (da iOS 14). Consulta anche "Resoconto sulla privacy" per vedere i tracker bloccati.

- **Rapporto sulla privacy delle app:** iOS 15+ può generare un rapporto sull'accesso di app a sensori/rete (**Impostazioni → Privacy e sicurezza → Rapporto sulla privacy delle app**). Abilitalo per controllare le app.

- **Servizi di localizzazione:** In **Privacy e sicurezza** → **Servizi di localizzazione**, puoi configurare varie opzioni (autorizzazioni per app e servizi di sistema).

- **Analisi e miglioramenti:** Vai su **Privacy e sicurezza** → **Analisi e miglioramenti** per scegliere se condividere le analisi di iPhone e opzioni come "Migliora Siri e Dettatura".

Relay privato iCloud: Se hai iCloud+ (ora incluso in Apple One, ecc.), puoi usare un relay privato (**Impostazioni** → **[Il tuo nome]** → **iCloud** → **Relay privato**). In questo modo il traffico di Safari viene cifrato, inoltrandolo tramite due server: uno conosce il tuo IP, l'altro conosce la destinazione, così nessuna singola parte apprende entrambe le informazioni. (Lo vedremo in dettaglio nel prossimo capitolo.)

6.5 Estensioni e utilità del browser

Oltre alle impostazioni di privacy del sistema operativo e del dispositivo, puoi migliorare ulteriormente la privacy con estensioni del browser e strumenti a livello di sistema:

- **App VPN:** Ne abbiamo parlato nei capitoli precedenti. Su mobile, installa l'app del tuo VPN per connetterti e instradare il traffico attraverso la VPN.

- **AdGuard (a livello di app):** Su mobile, AdGuard ha app (Android, iOS) che offrono filtraggio DNS a livello di sistema (usando una tecnica di VPN locale). Impongono DNS cifrato, bloccano gli annunci e possono filtrare i tracker anche fuori dal browser.

- **Gestore di password:** Anche se il tema non verrà trattato in profondità, usare un password manager (come Bitwarden o 1Password) migliora la sicurezza. iOS e Android permettono l'integrazione con l'autocompletamento di sistema. Alcuni browser, come Google Chrome, hanno funzioni di "monitoraggio password" che ti avvisano se una password salvata compare in una violazione di dati.

- **App di autenticazione a due fattori:** Usa un'app di autenticazione (Authy, Google Authenticator) invece degli SMS per la 2FA. Non protegge direttamente il traffico di rete, ma può essere una parte importante dell'igiene di sicurezza complessiva.

7 Relay privato iCloud di Apple

Con iOS 15/macOS Monterey, Apple ha introdotto **relay privato iCloud** per Safari. Ecco come si confronta con gli strumenti tradizionali:

- **Cosa fa:** In Safari, dopo aver abilitato relay privato iCloud, il tuo DNS e il traffico web vengono cifrati e inviati tramite *due relay* gestiti da due entità diverse. Il primo relay (gestito da Apple) conosce il tuo IP ma ne assegna uno casuale temporaneo. Il secondo relay (CDN partner) conosce il sito che visiti ma vede solo un IP offuscato (quello di Apple). Questo garantisce che *nessuna singola parte possa vedere sia te sia la tua destinazione.* Nasconde il tuo IP ai siti web (che vedono un IP del relay) e i contenuti di navigazione al tuo ISP. Anche le query DNS sono cifrate e inoltrate tramite proxy.

- **Limitazioni:** Relay privato funziona solo in Safari (e in alcune app che usano lo stack di rete di sistema, ad es. Meteo). *Non* gestisce il traffico di altri browser o app. Richiede un abbonamento iCloud+. Potrebbe non funzionare con DNS personalizzati o su alcune reti, a meno che venga abilitato "Limita il tracciamento dell'indirizzo IP" su Wi-Fi o rete cellulare (come nella guida Apple). Si applicano anche restrizioni regionali (non disponibile ovunque).

- **Profilo di privacy:** È simile a una VPN "leggera" solo per Safari. Poiché Apple impone che ogni relay sia gestito da un'azienda diversa, neppure Apple può vedere entrambe le estremità. Come dice Apple, "nessuna singola parte (nemmeno Apple o il tuo provider di rete) può associare un indirizzo IP a un sito web". I siti vedono solo una posizione generica (paese/fuso orario) se lo consenti.

Questo capitolo approfondisce il relay privato iCloud: obiettivi di progettazione, modello di privacy, limitazioni, configurazione pratica su iPhone/iPad e Mac, e troubleshooting. Troverai istruzioni passo passo e controlli per verificare se il relay privato è attivo.

7.1 Panoramica: che cos'è un relay privato iCloud?

Un relay privato iCloud è una funzione di privacy per gli abbonati iCloud+ che mira a nascondere la navigazione web su Safari (e alcune ricerche DNS di sistema) dagli osservatori di rete. L'idea centrale è lo split trust: il traffico passa attraverso due relay separati, così nessuna singola parte può vedere sia chi sei sia quali siti visiti.

Relay di ingresso (Apple): vede l'indirizzo IP dell'utente ma non il nome host di destinazione (il contenuto della richiesta è cifrato).

Relay di uscita (CDN partner): vede la destinazione del sito web ma riceve solo un IP temporaneo, appropriato alla regione, che non identifica l'utente.

Questo design significa:

- Apple non può collegare il tuo IP reale alla destinazione di navigazione.
- Il tuo ISP / la rete locale non possono leggere il DNS o la destinazione completa del traffico Safari.

- Non offre la stessa copertura di una VPN su tutto il dispositivo: il relay privato protegge principalmente il traffico di Safari.

7.2 Vantaggi e compromessi

Vantaggi:

- Facile da abilitare: integrato in iOS/macOS per gli utenti iCloud+ (un singolo interruttore).
- Nessuna configurazione per app: funziona automaticamente per Safari e per alcune risoluzioni DNS di sistema.
- Modello split-trust: nessun singolo operatore di rete (nemmeno Apple) vede sia la tua identità sia le tue destinazioni.
- Cifra DNS e traffico di Safari: protegge la navigazione dallo snooping della rete locale (ad es. Wi-Fi pubblico).

Compromessi / Limitazioni:

- Copre solo Safari (e alcuni DNS di sistema). Il traffico di altri browser o app non viene inoltrato automaticamente.
- Nessuna selezione del server (non puoi scegliere IP di uscita specifici per paese come con una VPN).
- Non è un sostituto "plug-and-play" di una VPN o di Tor quando serve copertura completa del dispositivo o anonimato massimo.
- Non disponibile su alcune reti gestite/captive o in determinati paesi/ambienti normativi.

7.3 Chi dovrebbe usare un relay privato?

Un relay privato iCloud può essere adatto a:

- Utenti Apple di tutti i giorni che desiderano una funzionalità comoda per migliorare la privacy nella navigazione web.

- Persone che vogliono nascondere la navigazione in Safari a reti locali e ISP senza installare app di terze parti.

- Utenti che preferiscono un'architettura a fiducia divisa (split-trust) invece di affidare tutto il traffico a un singolo provider VPN.

Non è ideale per:

- Utenti che devono instradare il traffico di *tutte* le app tramite una posizione di terze parti (ad esempio per accedere a servizi con blocco regionale usando un paese diverso).

- Utenti che richiedono un anonimato elevato contro avversari: per questo usa Tor.

7.4 Prerequisiti e compatibilità

Prima di configurare un relay privato:

1. Devi avere un abbonamento iCloud+ associato all'ID Apple che usi sul dispositivo.

2. Devi aggiornare a una versione del sistema operativo supportata:

    - iOS/iPadOS: versioni recenti (con iOS 15+ il comportamento è migliorato; usa l'ultima versione stabile).
    - macOS: Monterey o successivo (con le patch più recenti) per la migliore compatibilità.

3. Un relay privato potrebbe non essere disponibile su alcune reti, in alcune regioni o su dispositivi gestiti (profili MDM/aziendali).

7.5 Abilitare e configurare un relay privato su iPhone/iPad

1. Apri **Impostazioni** → tocca il tuo **ID Apple** (il tuo nome) → **iCloud**.

2. Tocca **Relay privato**.

3. Attiva **Relay privato**.

4. Accanto all'interruttore, puoi configurare l'opzione **Posizione dell'indirizzo IP**:

   - **Mantieni la posizione generale**, oppure
   - **Usa paese e fuso orario**

5. Facoltativamente, configura il comportamento per singola rete:

   - Apri **Impostazioni** → **Wi-Fi** → (tocca ⓘ accanto a una rete) → attiva/disattiva **Limita monitoraggio indirizzo IP**. Questo abilita/disabilita un relay privato per quella specifica rete Wi-Fi.

Note:

Se provi ad attivare un relay privato e viene visualizzato **Non disponibile**, puoi seguire i passaggi di risoluzione dei problemi qui sotto.

Se è attiva una VPN sull'intero dispositivo, il relay privato potrebbe essere disabilitato o non funzionare come previsto, per evitare sovrapposizioni tra tecnologie di tunneling in conflitto.

7.6 Abilitare e configurare un relay privato su macOS

1. Apri **Impostazioni di sistema** (menu Apple → Impostazioni di sistema) → clicca sul tuo **ID Apple** → **iCloud**.
2. Trova **Relay privato** e attivalo.
3. Imposta le preferenze di **Posizione dell'indirizzo IP** (stesse opzioni di iOS).
4. Per configurare il comportamento per rete: apri **Impostazioni di sistema** → **Rete** → **Wi-Fi** → **Dettagli** della rete → **Limita monitoraggio indirizzo IP** (attiva/disattiva).

Note:

Un relay privato iCloud influisce sulla navigazione in Safari su macOS. Gli strumenti a riga di comando (ad es. `curl` nel Terminale) in genere non usano un relay privato; possono usare lo stack di rete di sistema, ma potrebbero non essere instradati tramite relay nello stesso modo di Safari.

7.7 Come verificare che un relay privato sia attivo

Di seguito alcuni controlli pratici per confermare che il relay privato stia funzionando in Safari:

Stato visivo nelle Impostazioni (controllo rapido)

- iPhone: **Impostazioni → ID Apple → iCloud → Relay privato** mostra **Attivo** o **Non attivo**.
- macOS: **Impostazioni di sistema → ID Apple → iCloud → Relay privato** mostra lo stato.

Usa Safari e controlla il tuo IP tramite un servizio web

- Apri Safari e visita un sito pubblico "qual è il mio IP" (ad es. https://ipchicken.com o http://ipv4.icanhazip.com).
- Se il relay privato è attivo, l'IP pubblico mostrato dovrebbe essere diverso dall'IP assegnato dal tuo ISP.

Nota importante: poiché un relay privato riguarda specificamente Safari (e alcuni DNS di sistema), questi test vanno eseguiti in Safari. Usare altri browser o eseguire `curl http://ipv4.icanhazip.com` dal Terminale su macOS potrebbe mostrare il tuo IP reale.

7.8 Risoluzione dei problemi di un relay privato

Se il relay privato non sembra funzionare o mostra **Non disponibile**:

1. Conferma abbonamento iCloud+ e ID Apple. Vai su **Impostazioni → ID Apple → iCloud** e verifica di aver effettuato l'accesso con lo stesso ID Apple e che iCloud+ sia attivo.

2. Controlla la versione del sistema operativo. Aggiorna all'ultima versione di iOS/iPadOS/macOS per garantire la compatibilità.

3. Disattiva strumenti di rete in conflitto:

o Le VPN sull'intero dispositivo spesso disabilitano un relay privato: disattiva temporaneamente la VPN per fare un test.

o Proxy DNS locali o strumenti di cattura pacchetti potrebbero interferire con il relay privato.

4. Restrizioni di rete: alcune reti (aziendali/gestite, captive portal o alcuni ISP) bloccano il relay privato. Prova una rete Wi-Fi o cellulare diversa.

5. Controlla MDM/Profili: i dispositivi gestiti da un'organizzazione (MDM) possono avere impostazioni o restrizioni che impediscono il relay privato.

6. Disattiva/riattiva il relay privato: a volte ri-autenticare l'account iCloud o disattivare e riattivare la funzione risolve problemi temporanei. Puoi anche provare a riavviare il dispositivo.

7.9 Avanzato: interazione con VPN, DNS e browser

Un relay privato iCloud vs VPN sull'intero dispositivo: se è attiva una VPN completa, il relay privato potrebbe essere disabilitato oppure il traffico del relay privato potrebbe passare attraverso la VPN, a seconda del comportamento del sistema operativo. Su iOS, il sistema tende a privilegiare un unico tunnel di rete attivo. Per una protezione prevedibile su tutto il dispositivo, è spesso preferibile una VPN.

Configurazioni DNS: se hai configurato manualmente DNS privati o impostazioni di resolver personalizzate, il relay privato potrebbe non riuscire a instradare il DNS come previsto per Safari. In particolare, alcuni DNS personalizzati o filtri locali possono entrare in conflitto con un relay privato.

Più browser: il relay privato iCloud protegge Safari. Se usi Chrome o Firefox, valuta le loro opzioni DoH/DoT e/o una VPN per una copertura completa del dispositivo.

7.10 Analisi di privacy e sicurezza di un relay privato

Punti di forza:

- Elimina il "single point of failure" della riservatezza (nessuna singola entità vede sia l'identità dell'utente sia la destinazione).

- Integrazione predefinita: Apple gestisce infrastruttura ed esperienza, rendendo semplice per utenti non tecnici ottenere più privacy senza configurare strumenti più complessi.

Rischi rimanenti:

- I relay (ingresso/uscita) vedono comunque dati parziali (IP o destinazione). Un avversario con controllo legale o tecnico su entrambi i relay potrebbe, in teoria, correlare i dati. L'architettura di Apple afferma l'indipendenza tra i due operatori.

- La copertura è limitata a Safari: le app possono comunque divulgare dati tramite altri canali (cookie, accessi account, analytics).

- Le policy e l'implementazione tecnica di Apple possono cambiare; gli utenti devono restare aggiornati sulle informative privacy di Apple e su eventuali audit di terze parti.

7.11 Suggerimenti pratici e impostazioni consigliate

- Usa un relay privato iCloud per la navigazione quotidiana in Safari e abbinalo a una buona igiene del browser: usa un gestore di password (ad es. iCloud Portachiavi), usa blocchi anti-tracciamento e, quando desiderato, motori di ricerca attenti alla privacy.

- Se ti serve protezione su tutto il dispositivo (tutte le app), scegli una VPN affidabile con una chiara politica no-log (idealmente verificata) e preferisci protocolli moderni (WireGuard o OpenVPN). In alternativa, puoi creare una VPN tua. Vedi il Capitolo 3 per maggiori dettagli.

- Non affidarti solo a un relay privato se ti serve anonimato elevato: abbinalo a Tor o passa a Tor quando necessario.

- Prestazioni: se un sito richiede contenuti specifici per la posizione (ad es. notizie locali), imposta la posizione IP di un relay privato su "Mantieni la posizione generale". Se vuoi un maggiore offuscamento della posizione, scegli "Usa paese e fuso orario".

- In caso di problemi di connettività: disattiva temporaneamente VPN, DNS personalizzati, proxy di ad-blocking e profili di rete per isolare il problema.

7.12 FAQ: risposte rapide

D: Il relay privato nasconde la mia navigazione ad Apple?

R: Non completamente: il relay di ingresso di Apple vede l'IP sorgente ma non la destinazione; un operatore di uscita separato vede la destinazione ma non la sorgente. Il modello split-trust è progettato in modo che Apple non possa vedere entrambe le informazioni contemporaneamente.

D: Un relay privato funziona su Wi-Fi e rete cellulare?

R: Sì (se operatore/rete non lo blocca e l'abbonamento iCloud+ è attivo).

D: Il relay privato rallenta la navigazione?

R: In genere non in modo percepibile nella navigazione normale, ma può aggiungere latenza rispetto a connessioni dirette. Tor di solito è più lento; alcune VPN possono essere più veloci o più lente a seconda di protocollo/server.

D: Posso usare un relay privato e una VPN contemporaneamente?

R: Nella maggior parte dei casi, le VPN a livello di sistema sovrascrivono o disabilitano un relay privato. Il comportamento può variare: fai una prova e scegli lo strumento che copre meglio le tue esigenze.

D: Il relay privato è disponibile in tutto il mondo?

R: È disponibile in modo ampio, ma può essere limitato o disabilitato in alcune regioni o su reti aziendali gestite.

7.13 Note finali

Il relay privato iCloud di Apple è uno strumento di privacy ben progettato e facile da usare che alza il livello base di privacy per milioni di utenti Safari. La sua architettura "split relay" è particolarmente interessante per chi preferisce non riporre completa fiducia in un singolo operatore VPN e per chi desidera un miglioramento senza attriti, senza installare software di terze parti. Tuttavia, il relay privato non sostituisce una VPN completa. Usalo per la navigazione quotidiana su dispositivi Apple e abbinalo a una VPN di sistema per il resto del traffico o quando serve un anonimato maggiore.

8 Tor: panoramica, configurazione e uso pratico

Questo capitolo spiega che cos'è Tor, come funziona l'onion routing e i casi d'uso più comuni, insieme ai suoi limiti. Fornisce tutorial passo passo, specifici per piattaforma, per installare e usare Tor Browser (Windows, macOS, Linux, Android, iOS), spiega come configurare e usare i bridge e i trasporti collegabili (ad es. obfs4) e, per gli utenti avanzati, come pubblicare un semplice servizio onion.

Nota: Tor offre solide proprietà di anonimato se usato correttamente, ma nessun sistema garantisce un anonimato perfetto. Tor protegge per progettazione i metadati di routing; perdite a livello di applicazione (ad es. l'accesso a un account personale) possono de-anonimizzarti. Mantieni sempre aggiornato Tor Browser e segui i passaggi di hardening consigliati. Per risorse ufficiali, download e documentazione, consulta il Tor Project.

8.1 Che cos'è Tor?

Tor (The Onion Router) è una rete overlay gratuita, gestita da volontari, che aiuta gli utenti a preservare l'anonimato online instradando il traffico attraverso una serie di relay cifrati, in modo che nessun singolo relay conosca sia l'origine sia la destinazione di un flusso. Tor è sviluppato e distribuito dal Tor Project ed è ampiamente usato per la privacy, l'elusione della censura, la ricerca sicura e altri usi legittimi.

- **Come funziona Tor (in breve):** il client Tor sceglie un percorso casuale di (tipicamente) tre relay: un nodo di ingresso (guard), un nodo intermedio e un nodo di uscita. Ogni hop conosce solo il suo predecessore e il suo successore. I dati sono stratificati con cifratura (livelli "a cipolla"); ogni relay rimuove uno strato e inoltra il resto, così nessun singolo nodo vede né l'IP sorgente né la destinazione.

- **Proprietà chiave:** aiuta a nascondere al tuo ISP quali siti visiti; aiuta a nascondere il tuo IP ai siti di destinazione; consente l'accesso ai servizi .onion (nascosti) raggiungibili solo all'interno della rete Tor.

Per maggiori informazioni sul Tor Project (ad esempio cos'è Tor e perché esiste), vedi il sito del Tor Project (https://www.torproject.org).

8.2 Quando usare Tor: vantaggi e limiti

- **Usa Tor quando:** ti serve un forte anonimato (attivisti, giornalisti, ricercatori in ambienti repressivi), per aggirare la censura di rete o per accedere ai servizi onion.

- **Non contare su Tor per:** attività ad alta banda (download molto grandi o streaming video HD: Tor è lento rispetto a connessioni dirette) o per proteggere i dati dopo l'accesso a account identificativi (ad es. il tuo account Google personale). Tor nasconde il routing, non i contenuti che fornisci a un sito quando ti autentichi.

- **Promemoria sul modello di minaccia:** Tor protegge l'anonimato a livello di routing. Un endpoint compromesso (malware), il fingerprinting del browser o sessioni di login legate alla tua identità reale possono annullare l'anonimato.

Per un confronto tra Tor, relay privato e VPN e per decidere quale strumento sia più adatto ai tuoi obiettivi, vedi il Capitolo 9, Relay privato vs. VPN e Tor.

8.3 Tor Browser: installazione e primi passi

8.3.1 Ottieni Tor Browser

Fonte ufficiale: scarica sempre Tor Browser dal sito del Tor Project per evitare build manomesse. I download ufficiali e le firme sono disponibili nella pagina di download del Tor Project.

8.3.2 Windows: installazione GUI e primo avvio

1. Apri il browser e vai su `https://www.torproject.org/download/`. Se puoi, verifica checksum e firme.

2. Clicca su **Scarica per Windows**, salva ed esegui l'installer.

3. Segui la procedura guidata, scegli la cartella di installazione e al termine clicca su **Fine**.

4. Avvia Tor Browser dal menu Start. Al primo avvio, Tor Browser mostra una schermata **Connect** (oppure un'opzione **Configure** se sei dietro una rete restrittiva o hai bisogno di bridge).

5. Clicca su **Connect** per connetterti automaticamente alla rete Tor; oppure clicca su **Configure** per impostare bridge/trasporti collegabili se la rete blocca Tor. (Vedi la sezione sui bridge più sotto.)

Nota per utenti esperti (Windows WSL / sysadmin): Tor Browser è pensato per essere usato tramite GUI. Se ti serve un demone Tor a livello di sistema su Windows per applicazioni che supportano proxy SOCKS, puoi eseguire una build Windows di `tor` (avanzato), ma segui le istruzioni del Tor Project per firme e configurazione sicura. Per la navigazione web, preferisci sempre il bundle di Tor Browser.

8.3.3 macOS

1. Visita la pagina di download del Tor Project e scarica la build per macOS.

2. Apri il file `.dmg` scaricato e trascina Tor Browser.app in `/Applicazioni`.

3. Apri Tor Browser.app (potrebbe essere necessario autorizzare l'app in **Sicurezza e Privacy** al primo avvio). Usa le stesse opzioni **Connect** / **Configure** descritte sopra.

8.3.4 Linux (esempio Ubuntu/Debian)

Opzione 1: bundle GUI (consigliato): scarica `tor-browser-linux64-*.tar.xz` dal Tor Project, estrai ed esegui `start-tor-browser.desktop`. Esempio:

```
# Esempio: estrai e avvia Tor Browser
# nello spazio utente
```

```
tar -xvf tor-browser-linux64-*.tar.xz
cd tor-browser_en-US
./start-tor-browser.desktop
```

Opzione 2: `torbrowser-launcher` (Ubuntu): un helper che scarica e configura Tor Browser per te:

```
sudo apt update
sudo apt install torbrowser-launcher
torbrowser-launcher
```

Nota: `torbrowser-launcher` scarica il bundle ufficiale di Tor Browser e verifica le firme. Verifica l'origine del pacchetto e la firma prima di installare.

8.3.5 Android

Tor Browser per Android è un'app ufficiale ed è disponibile su Google Play e come APK dal Tor Project. Usa l'elenco del Play Store per installarla, oppure scarica l'APK dal sito del Tor Project.

8.3.6 iOS

Al momento della stesura di questo libro, non esiste un Tor Browser ufficiale per iOS. Il Tor Project consiglia app iOS come **Onion Browser** e **Orbot** per accedere a Tor su iOS. Poiché Apple richiede che i browser su iOS usino WebKit, le app browser iOS non possono implementare le stesse protezioni di privacy di Tor Browser su desktop. Consulta le indicazioni del Tor Project per iOS.

8.4 Bridge e trasporti collegabili

Quando una rete (ISP, firewall nazionale) blocca l'accesso alla rete Tor, puoi usare **bridge** e **trasporti collegabili** per nascondere il traffico Tor e riuscire a connetterti. Tor offre diverse opzioni di trasporto (obfs4 è tra le più comuni). Le impostazioni di connessione di Tor Browser includono un interruttore "Use a bridge" e opzioni per inserire le righe del bridge.

8.4.1 Bridge: passo dopo passo (Tor Browser)

1. Apri Tor Browser → clicca su **Configure** nella finestra di connessione iniziale (oppure apri Preferenze → Tor → Impostazioni di connessione).

2. Seleziona **Yes** quando ti viene chiesto se la tua connessione è censurata.

3. Scegli **Use a bridge**. Seleziona tra i tipi di bridge disponibili:

   - **obfs4**: il trasporto collegabile più consigliato per aggirare la censura.
   - **meek**: maschera il traffico dentro richieste CDN/HTTPS (utile quando obfs4 è bloccato o quando serve un comportamento simile al domain fronting).

4. Seleziona "Request a bridge from torproject.org" (Tor proverà a recuperare bridge) oppure ottieni una riga di bridge dalla pagina di richiesta bridge del Tor Project, via email o tramite i canali ufficiali di distribuzione dei bridge, e incolla la stringa nella casella.

5. Clicca su **Connect**. Se quel bridge non funziona, prova un'altra riga di bridge o un altro trasporto.

8.4.2 Avanzato: usa obfs4proxy con Tor come servizio di sistema

Solo per utenti avanzati: se esegui `tor` come demone di sistema e vuoi usare obfs4, verifica che `obfs4proxy` sia installato e aggiungi le righe di bridge al `torrc`. Esempio:

```
# Esempio di voci torrc (sistema /etc/tor/torrc)
ClientTransportPlugin obfs4 exec /usr/bin/obfs4proxy
Bridge obfs4 <bridge_address> <bridge_fingerprint>
cert=<cert> iat-mode=0
UseBridges 1
```

Dopo aver modificato `torrc`, ricarica o riavvia Tor:

```
sudo systemctl restart tor
sudo journalctl -u tor -f
```

Nota: usa solo bridge ottenuti tramite canali di distribuzione ufficiali.

8.5 Hardening di Tor Browser e best practice

- **Usa sempre il bundle Tor Browser per navigare, non browser normali configurati per usare Tor:** Tor Browser include molte patch di hardening e funzioni di privacy (resistenza al fingerprinting, isolamento risorse di prima/terza parte, policy HTTPS-First, ecc.).

- **Blocca plugin e helper esterni:** non installare plugin del browser (Flash, Java o estensioni arbitrarie) in Tor Browser; possono causare perdite di dati o aggirare le protezioni.

- **Disabilita gli script solo se necessario:** Tor Browser include opzioni tramite cursore del livello di sicurezza. JavaScript aumenta la funzionalità, ma può aumentare la superficie di fingerprinting. Usa il cursore **Security Level** per aumentare le protezioni (al livello massimo, JavaScript è disabilitato).

- **Fai attenzione ai download:** aprire file scaricati (PDF, documenti Office) fuori da Tor Browser può richiamare helper esterni che si connettono fuori da Tor e rivelano il tuo IP reale. Se devi gestire un file, aprilo in un ambiente isolato (VM usa e getta o Tails) e, se possibile, preferisci "visualizza nel browser".

- **Usa bridge con trasporti collegabili per evitare la censura locale.**

- **Mantieni Tor Browser aggiornato.** Il Tor Project rilascia regolarmente aggiornamenti e correzioni di sicurezza.

8.6 Tails: sistema operativo live che include Tor per impostazione predefinita

Se hai bisogno di un ambiente usa e getta, orientato alla privacy, prendi in considerazione Tails (The Amnesic Incognito Live System), una distribuzione Linux "live" che instrada tutto il traffico di rete attraverso Tor e non conserva dati a meno che non venga configurato esplicitamente. Tails è utile in ambienti ad alto rischio e per aprire file sensibili in una sessione isolata. Consulta il sito di Tails (https://tails.net) per istruzioni su download e installazione.

8.7 Avanzato: esecuzione di un servizio onion (nascosto)

Gli utenti avanzati possono eseguire un servizio onion (nascosto). I servizi onion consentono di ospitare servizi raggiungibili solo all'interno della rete Tor (indirizzi che terminano in `.onion`). Questo esempio mostra un servizio onion HTTP minimale su Linux.

Cosa ospiterai (esempio)

- Un piccolo sito statico servito da `nginx` su localhost, porta `8080`.

- Un servizio onion di Tor che mappa un nome host onion su questa porta locale.

Installa Tor e nginx (esempio Debian/Ubuntu)

```
sudo apt update
sudo apt install tor nginx -y
```

Configura il tuo servizio onion (modifica `torrc`)

Aggiungi in coda a `/etc/tor/torrc`:

```
HiddenServiceDir /var/lib/tor/hidden_service/
HiddenServiceVersion 3
HiddenServicePort 80 127.0.0.1:8080
```

- `HiddenServiceDir` verrà creata da Tor e conterrà `hostname` (il tuo `.onion`) e i file della chiave privata.

- `HiddenServiceVersion 3` seleziona i moderni indirizzi onion v3 (più sicuri dei v2). Oggi usa sempre v3.

Riavvia Tor:

```
sudo systemctl restart tor
sudo journalctl -u tor -f
```

Configura nginx (esempio)

Crea `/etc/nginx/sites-available/tor-site`:

```
server {
    listen 127.0.0.1:8080;
    server_name localhost;

    location / {
        root /var/www/tor-site;
        index index.html;
    }
}
```

Abilita e avvia nginx:

```
sudo mkdir -p /var/www/tor-site
echo "<h1>Hello from Tor hidden service</h1>" \
  | sudo tee /var/www/tor-site/index.html
sudo ln -s /etc/nginx/sites-available/tor-site \
  /etc/nginx/sites-enabled/
sudo systemctl restart nginx
```

Recupera il nome host onion

Dopo che Tor ha creato la directory del servizio onion, leggi l'hostname:

```
sudo cat /var/lib/tor/hidden_service/hostname
# stamperà qualcosa come: abcde.onion
```

Ora puoi raggiungere il tuo sito visitando l'indirizzo `.onion` in Tor Browser (desktop o mobile). L'indirizzo è risolvibile solo tramite Tor.

8.8 Risoluzione dei problemi e diagnostica

- **Tor Browser non si connette?** Prova **Configure → Use a bridge** e testa obfs4; controlla se la rete ha regole firewall che bloccano le porte 9001 o 9030 (ORPort/DirPort). Controlla i log di Tor (Tor Network Settings o Browser Console).

- **Tor è lento?** Tor è progettato per l'anonimato, non per la velocità. Usalo quando serve; evita lo streaming di contenuti multimediali pesanti.

- **Il mio servizio onion non si risolve?** Verifica che `HiddenServiceDir` esista e che Tor sia stato riavviato dopo le modifiche. Cerca errori in `/var/log/tor` o in `journalctl -u tor`.

8.9 Note finali

Tor è uno strumento potente se usato correttamente e abbinato a un'attenta sicurezza operativa. Questo capitolo ti ha fornito il contesto concettuale, i passaggi pratici di installazione per le principali piattaforme, i passaggi di configurazione per bridge e trasporti collegabili, suggerimenti di hardening per Tor Browser e una guida di base alla creazione di un servizio onion.

Per ulteriori informazioni e argomenti avanzati (ad esempio distribuzioni Tor personalizzate, integrazione di Tor con altri strumenti per la privacy o l'esecuzione di servizi onion in produzione), consulta la documentazione e le risorse della community sul sito del Tor Project (https://www.torproject.org).

9 Relay privato vs. VPN e Tor

In questo capitolo confrontiamo il relay privato iCloud di Apple con VPN e Tor ed esploriamo esempi e scenari pratici.

9.1 Relay privato vs. VPN

Una VPN cifra *tutto* il traffico di rete e cambia la tua posizione apparente in base al server VPN scelto. Relay privato copre solo Safari. Le VPN richiedono fiducia nel provider (che vede il tuo traffico e il tuo IP reale). Relay privato divide la fiducia (Apple non conosce il sito che visiti e il partner CDN non conosce te). Entrambi usano crittografia robusta. Le VPN possono usare qualsiasi porta (spesso UDP) e funzionano per tutte le app. Un relay privato passa su HTTPS (TCP 443) e copre solo Safari. Se ti serve un IP di un paese specifico o vuoi coprire tutte le app, una VPN è migliore. Se vuoi solo privacy per Safari e ti fidi dell'implementazione Apple, il relay privato è comodo e integrato.

9.2 Relay privato vs. Tor

Tor instrada il traffico attraverso almeno 3 nodi e nasconde molto bene il tuo IP. Il relay\ privato è solo a 2 hop (Apple e un partner). Tor è più anonimo (nessun provider centrale, rete di volontari, maggiore protezione dei metadati), ma spesso è più lento. Usa Tor Browser per un anonimato robusto; usa relay privato per una privacy moderata senza la complessità di Tor. Il relay privato non ti anonimizza dai siti nello stesso modo di Tor: nasconde semplicemente il tuo IP esatto.

9.3 Tabelle di confronto: Relay privato vs. VPN e Tor

9.3.1 Tabella A: confronto tra funzionalità e UX

Funzionalità / Proprietà	Relay privato (iCloud+)	VPN (commerciale o self-hosted)
Copertura (quale traffico)	Solo Safari (e alcuni DNS di sistema)	Intero dispositivo (tutte le app) quando abilitata
Facilità d'uso	Molto semplice (interruttore di sistema)	Facile con app; media per configurazione manuale
Selezione server (scegliere il paese)	No (solo a livello di regione)	Sì—molti provider, scelta del paese di uscita
Modello di fiducia	Split-trust: Apple + uscita di terze parti	Provider unico (devi fidarti dell'operatore VPN)
Rischio log	Ridotto grazie allo split-relay; log limitati a ogni hop	Dipende da provider e giurisdizione (alcuni registrano)
Prestazioni (latenza e velocità)	In genere poco overhead (veloce per navigazione)	Variabile—WireGuard è veloce; OpenVPN moderato

Funzionalità / Proprietà	Relay privato (iCloud+)	VPN (commerciale o self-hosted)
Costo	Incluso nell'abbonamento iCloud+	Da gratuito (self-hosted) a canone
Aggira geoblock	Limitato (senza scelta paese)	Sì—piena scelta paese/server
Funziona su Wi-Fi pubblico	Sì per Safari	Sì per tutto il traffico
Protegge dal logging DNS dell'ISP	Sì per DNS di Safari	Sì (se la VPN imposta DNS)
Caso d'uso ideale	Privacy quotidiana in Safari su dispositivi Apple	Privacy su tutto il dispositivo, accesso regionale

Funzionalità / Proprietà	Tor (Tor Browser / rete Tor)
Copertura (quale traffico)	App Tor Browser (solo traffico via Tor Browser / app configurate)
Facilità d'uso	Da moderata a complessa (Tor Browser è l'opzione più semplice)
Selezione server (scegliere il paese)	Nessun controllo su uno specifico nodo di uscita; preferenze possibili con rischio
Modello di fiducia	Relay decentralizzati gestiti da volontari (nessun singolo operatore "fidato")

Funzionalità / Proprietà	Tor (Tor Browser / rete Tor)
Rischio log	Basso usando la rete Tor ufficiale (ma i nodi di uscita vedono il traffico verso la destinazione)
Prestazioni (latenza e velocità)	Più lento (più hop, relay volontari)
Costo	Gratuito (rete Tor)
Aggira geoblock	A volte; geolocalizzazione del nodo di uscita può aiutare, ma è inaffidabile per streaming
Funziona su Wi-Fi pubblico	Sì, ma è lento e alcune reti bloccano Tor
Protegge dal logging DNS dell'ISP	Sì (Tor risolve tramite la rete Tor)
Caso d'uso ideale	Alto anonimato, elusione censura (con compromessi di velocità)

9.3.2 Tabella B: confronto privacy / modello di minaccia

Minaccia / Obiettivo	Relay privato	VPN
Nascondere la navigazione a rete locale/ISP (Safari)	Sì (progettato per questo)	Sì (se tutto il traffico passa nella VPN)
Evitare che un provider veda	Progettato per questo (split-	No (il provider vede origine e destinazione)

Minaccia / Obiettivo	Relay privato	VPN
sia "chi" sia "cosa"	relay)	
Resistere a un forte avversario globale (es. stato)	Limitato—protegge da osservatori "casuali", non garantito contro avversari potenti o chi controlla entrambi i relay	Dipende—il provider può essere costretto; self-hosting riduce alcuni rischi
Proteggere tutte le app e vettori di leak	No—solo Safari	Sì se VPN su tutto il dispositivo
Difendersi da fingerprinting o tracking via login	Limitato (aiuta con l'IP)	Limitato (IP nascosto; cookie/fingerprinting restano)
Garanzia "no log"	Parziale—i relay separati limitano i dati; dipende dagli operatori	Variabile—dipende da policy e audit

Minaccia / Obiettivo	Tor
Nascondere la navigazione a rete locale/ISP (Safari)	Sì (i circuiti Tor nascondono l'origine)
Evitare che un provider veda sia "chi" sia "cosa"	Sì (relay distribuiti; nessuna singola parte vede entrambe le estremità)
Resistere a un forte avversario globale (es. stato)	Migliore—decentralizzazione riduce compromissioni a punto singolo, ma attacchi di correlazione sono possibili
Proteggere tutte le app e vettori di leak	Solo Tor Browser o app configurate
Difendersi da fingerprinting o tracking via login	Migliore con le misure anti-fingerprinting di Tor Browser
Garanzia "no log"	Alta—nessun log centrale (ma i nodi di uscita possono vedere contenuti se non cifrati)

9.4 Esempi pratici e scenari

Scenario 1: Utente quotidiano su Wi-Fi pubblico

- Obiettivo: impedire all'operatore del Wi-Fi del bar o a chi intercetta l'hotspot di vedere esattamente i siti visitati in Safari.

- Consigliato: abilita un relay privato iCloud (semplice, automatico). Se devi proteggere tutte le app, usa invece una VPN affidabile o self-hosted.

Scenario 2: Accesso a contenuti in streaming con blocco regionale

- Obiettivo: far credere a un servizio di trovarsi in un altro paese.

- Consigliato: usa una VPN con un server nel paese di destinazione (il relay privato non consente una scelta "per paese" oltre opzioni regionali limitate).

Scenario 3: Giornalisti/attivisti che richiedono anonimato robusto

- Obiettivo: alto anonimato e resistenza ad avversari potenti.

- Consigliato: usa Tor Browser e segui le linee guida avanzate di sicurezza operativa (evita login su account personali, evita plugin che de-anonimizzano, ecc.).

In sintesi, scegli lo strumento giusto per i tuoi obiettivi:

- Per privacy quotidiana in Safari su dispositivi Apple: un relay privato è un'ottima opzione.

- Per copertura completa del dispositivo (tutte le app), selezione geografica del server o streaming: usa una VPN.

- Per anonimato robusto e aggiramento della censura: usa Tor (con attenta sicurezza operativa).

10 Intelligenza artificiale (IA) e privacy

Con la proliferazione delle funzionalità di intelligenza artificiale (IA), è necessario considerare anche la privacy in questo contesto. Molte app moderne integrano l'IA (assistenti vocali, IA generativa, intelligenza "on-device"). In questo capitolo trattiamo principi ed esempi importanti.

10.1 IA sul dispositivo vs. IA su cloud

Una distinzione fondamentale riguarda dove avviene l'elaborazione: *sul dispositivo* o nel cloud. **L'IA sul dispositivo** significa che i tuoi dati non lasciano l'hardware: altrove vengono inviati solo i risultati (o dati molto limitati). Apple promuove questo approccio: Apple Intelligence (Siri, riconoscimento immagini, ecc.) viene eseguita sul dispositivo per impostazione predefinita. Per attività complesse, Apple usa "Private Cloud Compute", che invia solo i dati minimi necessari e, secondo quanto dichiarato, non memorizza le tue informazioni personali.

Samsung ha una posizione simile con Galaxy AI (sui Galaxy più recenti). Promuove strumenti on-device come Live Translate, Audio Eraser, ecc., che mantengono "gli input... entro i confini del telefono". Anche per le funzioni basate su cloud, Samsung afferma di non conservare i dati a lungo termine né di usarli per l'addestramento: "i dati personali non vengono mai conservati a lungo termine né utilizzati per l'addestramento dell'IA". Gli utenti possono anche disattivare l'elaborazione online, se lo desiderano. Nel 2023, Google ha inoltre annunciato la trascrizione sul dispositivo sui telefoni Pixel.

In sintesi, c'è un trend: i dispositivi più recenti cercano di svolgere più elaborazioni IA localmente, o almeno di ridurre al minimo ciò che viene inviato al cloud. Come utenti, possiamo preferire funzioni IA sul dispositivo rispetto a quelle nel cloud per una maggiore privacy.

10.2 Strumenti di IA generativa

Quando si usano strumenti di IA generativa come ChatGPT e Bard, è bene essere cauti:

- **Conservazione dei dati:** molti servizi di chatbot registrano prompt e risposte per qualità/addestramento, a meno che tu non faccia opt-out. Per esempio, OpenAI afferma che gli utenti possono *rinunciare* all'uso dei dati per l'addestramento e possono eliminare completamente le conversazioni. Controlla sempre l'opzione "Controllo dei dati" nell'app (ad esempio nelle impostazioni di ChatGPT).

- **Modalità privata:** alcune app o estensioni offrono una modalità "in incognito". Per esempio, la chat Duck.ai di DuckDuckGo funziona "dietro le quinte" e non registra le query per l'addestramento, conservando le conversazioni solo sul dispositivo. Sottolinea l'IA opzionale e privata: "le funzionalità di IA sono facoltative e possono essere disattivate". Se la privacy è fondamentale, usa strumenti di questo tipo o chat "proxy anonime" come Duck.ai.

- **LLM locali:** recentemente, modelli come GPT-4o di OpenAI e Llama di Meta possono girare in modalità leggera su dispositivo. Sono ambiti in evoluzione. Il vantaggio è che i dati non lasciano mai il dispositivo.

- **Consiglio generale:** non incollare informazioni sensibili nelle chat IA. Usa sempre HTTPS e, se disponibile, l'isolamento del browser. Alcuni servizi (come Google Workspace) dichiarano garanzie di privacy secondo cui i dati aziendali non vengono usati per addestrare i modelli, il che può aiutare in certi casi d'uso.

10.3 IA nei dispositivi smart e negli assistenti vocali

Dispositivi smart e assistenti vocali (ad esempio Alexa, Google Assistant, Siri) pongono alcune questioni di privacy:

- **Buffer della parola di attivazione:** alcuni assistenti ascoltano continuamente e inviano dati solo dopo aver rilevato la "parola di attivazione". Altri mantengono temporaneamente un buffer di tutto l'audio. È importante sapere per quanto tempo i dati vengono conservati.

- **Revisione delle registrazioni:** di solito puoi rivedere ed eliminare le registrazioni vocali nel tuo account (Amazon, Google, Apple) come buona pratica di privacy.

- **Su dispositivo vs. cloud:** i miglioramenti recenti di Siri e Google hanno spostato più riconoscimento sul dispositivo, riducendo la quantità di audio inviata. Verifica se esiste un'impostazione di "riconoscimento vocale sul dispositivo" (ad esempio, la trascrizione del registratore Google Pixel Recorder è on-device per impostazione predefinita).

- **Alexa e Ring:** se usi dispositivi Amazon, ricorda che Alexa può memorizzare trascrizioni. Assicurati di ripulire regolarmente la cronologia vocale.

- **Modalità privacy:** molti assistenti permettono di disattivare l'ascolto continuo (ad esempio premendo il pulsante che spegne il microfono o dicendo "Alexa, disattiva il microfono").

In sintesi, tratta gli assistenti IA come qualsiasi dispositivo "sempre attivo": riduci l'esposizione disattivandoli quando non servono e usa funzioni sicure (on-device) quando possibile.

11 Guardando avanti: privacy potenziata dall'IA: difese intelligenti

Guardando al futuro, l'intelligenza artificiale (IA) può migliorare in modo significativo la tua privacy online quando viene integrata con tecnologie come le reti private virtuali (VPN). Per esempio, l'IA può rendere le VPN più intelligenti, adattive e proattive. Non si limita a nascondere il tuo IP: analizza attivamente le minacce, adatta le protezioni e ti aiuta a fare scelte informate sulla tua sicurezza digitale.

Di seguito alcuni meccanismi chiave con cui l'IA può lavorare insieme alle VPN e ad altri strumenti per aumentare la privacy.

11.1 Selezione smart del server e ottimizzazione del traffico

Le VPN tradizionali instradano il traffico attraverso un server fisso o una posizione scelta manualmente. L'IA può spingersi oltre:

- **Analisi in tempo reale di latenza e carico:** un modello IA monitora i tempi di risposta dei server, l'uso corrente di banda e le statistiche di perdita pacchetti su centinaia di endpoint. Quando ti connetti, il sistema sceglie il server "ottimale" che offre crittografia robusta e rallentamento minimo.

- **Bilanciamento dinamico del carico:** se un nodo di uscita VPN inizia a essere congestionato o mostra picchi insoliti di traffico, l'IA può spostare subito la connessione su un nodo più "sano" senza che tu te ne accorga, mantenendo velocità e privacy.

Perché è importante:
Connessioni più veloci e affidabili riducono la tentazione di disattivare la VPN. Le regolazioni continue dell'IA scoraggiano il "VPN-ping-pong" (disconnettersi e riconnettersi su un altro server) o la disattivazione della crittografia—comportamenti comuni che peggiorano la privacy.

11.2 Rilevamento in tempo reale di anomalie e minacce

Anche con traffico cifrato, endpoint o richieste DNS possono far trapelare informazioni. L'IA migliora il rilevamento di attività sospette tramite:

- **Analisi del traffico basata sul profilo:** i modelli di machine learning "imparano" i tuoi pattern tipici—ore in cui fai streaming, siti che visiti, protocolli usati (ad esempio HTTPS vs HTTP in chiaro). Se compare una richiesta DNS improvvisa e inspiegabile o un pattern anomalo di pacchetti IP, l'IA lo segnala.

- **Blocklist automatiche e sistemi di reputazione:** i sistemi IA acquisiscono continuamente feed di threat intelligence (IP malevoli, domini di phishing, server C2 di malware noti). Incrociano le richieste in uscita in tempo reale; se il dispositivo tenta di contattare un dominio in blocklist, il client VPN può rifiutare o reindirizzare automaticamente quella query DNS.

Perché è importante:
Molte fughe di privacy non dipendono dalla tua posizione fisica, ma da "chiamate invisibili" in background di browser o app. L'IA vede questi segnali "rumorosi" più rapidamente di un firewall statico basato su regole, impedendo fughe di dati o l'infiltrazione di cookie di tracciamento.

11.3 Forza della crittografia adattiva

La maggior parte delle VPN usa per impostazione predefinita un solo cifrario (ad esempio AES-256). L'IA consente una **crittografia consapevole del contesto**:

- **Valutando l'ambiente di rete** (Wi-Fi pubblico vs rete domestica vs rete di lavoro).

- **Valutando il livello di minaccia in tempo reale** (per esempio se l'utente accede a siti finanziari o piattaforme sensibili).

- **Modulando la suite di cifratura:**

  ○ Su un Wi-Fi da bar, l'IA potrebbe imporre AES-256 con hashing SHA-512 e una nuova chiave effimera per ogni sessione.

  ○ A casa, dove il router è noto e la sicurezza hardware è alta, l'IA potrebbe consentire AES-128 per ridurre l'uso della CPU e risparmiare batteria sui dispositivi mobili.

Perché è importante:

Ottieni massima privacy quando è più critico e prestazioni ragionevoli quando il rischio è minore. I client VPN statici non fanno questi compromessi in tempo reale: o usi sempre la crittografia massima (consumando batteria e CPU) oppure riduci la crittografia per risparmiare risorse.

11.4 "Kill switch" automatico e riparazione della connessione

Un "kill switch" blocca tutto il traffico internet se il tunnel VPN crolla inaspettatamente—prevenendo una "fuga" non cifrata. L'IA può migliorarlo così:

- **Previsione delle disconnessioni:** monitorando qualità del segnale, jitter e trend di perdita pacchetti, un modello IA può spesso prevedere un'imminente caduta (ad esempio stai uscendo dal raggio del Wi-Fi). Il client può quindi passare in modo proattivo alla rete migliore (dati cellulari, un altro Wi-Fi) senza esporre il tuo IP reale.

- **Ripristino immediato:** se avviene la caduta, l'IA orchestra una mini "rinegoziazione" dei parametri di crittografia e riapre rapidamente un tunnel sicuro—spesso più velocemente di quanto l'utente se ne accorga.

Perché è importante:

Anche pochi secondi di downtime possono esporre il tuo vero IP o il DNS. Il monitoraggio proattivo dell'IA aiuta a restare dietro un tunnel cifrato il 100% del tempo.

11.5 Preimpostazioni di privacy personalizzate

L'IA può imparare le tue abitudini—siti visitati, applicazioni usate, orari di lavoro, ecc.—e dunque:

- **Attivare/disattivare automaticamente la VPN** per app o domini specifici.

  - Quando apri l'app bancaria, la VPN viene forzata su ON.

  - Quando fai streaming di un video con geoblock, viene selezionato automaticamente un server nel paese corretto.

- **Blocco adattivo di annunci e tracker.**

  - Se visiti spesso siti di news che integrano decine di tracker di terze parti, l'IA può confrontare queste chiamate di dominio con una lista di privacy curata e bloccare selettivamente i tracker a livello DNS o HTTP.

- **Suggerire miglioramenti del punteggio di privacy.**

  - Potresti ricevere un "Rapporto sulla privacy" settimanale: "Hai incontrato 7 nuovi tracker di terze parti questa settimana—valuta di attivare il 'blocco aggressivo dei tracker' quando visiti questi domini".

Perché è importante:
Invece di costringerti a memorizzare decine di interruttori e opzioni, l'IA "gestisce" la complessità. Tu scegli un livello di privacy generale (ad esempio "Lavoro", "Streaming", "Finanziario") e il sistema si configura da solo.

11.6 Privacy DNS basata sul machine learning

Anche con una VPN, le perdite DNS possono rivelare quali siti web stai visitando. L'IA migliora la privacy DNS tramite:

- **Instradamento crittografato delle query DNS** (DNS su HTTPS/TLS), in cui l'IA sceglie dinamicamente il resolver più veloce e più sicuro.

- **Precaricamento predittivo**: osservando il tuo comportamento — ad esempio "ogni mattina alle 8 controlli example-bank.com" — l'IA può precaricare in anticipo le voci DNS su un canale crittografato, riducendo la latenza e senza interferire con la navigazione effettiva.

- **Fallback intelligente**: se il resolver crittografato principale non è disponibile, l'IA passa immediatamente a un resolver crittografato secondario (ad esempio da 1.1.1.1 di Cloudflare a 8.8.8.8 di Google tramite DoT) senza alcun "fail open" non crittografato.

Perché è importante:
Il DNS crittografato non serve solo a nascondere "quali domini" interroghi; serve anche a ridurre il rischio che le tue richieste DNS vengano registrate o vendute. Il monitoraggio continuo dello stato del resolver da parte dell'IA riduce la probabilità di "ricadere" su una risoluzione non crittografata.

11.7 Threat intelligence e blocklist guidate dall'IA

I provider VPN si abbonano sempre più spesso a feed globali di threat intelligence: elenchi costantemente aggiornati di:

- Intervalli IP dannosi (botnet, distributori di spam)

- Domini di phishing o malware appena registrati

- Server noti di "fingerprinting" o "tracking"

L'IA acquisisce questi feed in tempo reale, li correla con eventuale telemetria locale (tentativi di connessione falliti, certificati SSL dall'aspetto anomalo) e blocca o mette in quarantena endpoint sospetti:

- **DNS sinkhole locale**: se un'app tenta di connettersi a un dominio di tracciamento noto, l'IA può riscrivere la richiesta DNS in `0.0.0.0`, annullando di fatto l'instradamento verso quel dominio.

- **Avviso proattivo**: quando provi a visitare un sito presente nel database di phishing, l'IA può avvisarti con una finestra di dialogo tipo "Avviso: sito sospetto — procedere?" prima del caricamento.

Perché è importante:
Le blocklist statiche diventano obsolete nel giro di pochi giorni. L'IA seleziona, elimina e assegna continuamente priorità alle voci più rilevanti per te, riducendo i falsi positivi e assicurando che i domini davvero dannosi non passino inosservati.

11.8 Rafforzamento contro il fingerprinting comportamentale

Anche dietro una VPN, i siti web possono ricostruire un "fingerprint" del browser (dimensioni dello schermo, versione del sistema operativo, font installati, ecc.) per tracciarti. L'IA può aiutare con:

- **Rilevamento di script che raccolgono fingerprint**: modelli di machine learning analizzano al volo il JavaScript del sito. Se riconoscono pattern di codice usati per il canvas fingerprinting o l'enumerazione dei font, bloccano o mettono in sandbox quegli script.

- **Iniezione di rumore**: quando il blocco non è possibile, l'IA inserisce "rumore" lieve e casuale nel fingerprint. Per esempio, può modificare leggermente il fuso orario riportato o randomizzare l'output del canvas — abbastanza da rompere la coerenza del fingerprint, ma non tanto da compromettere la funzionalità del sito.

Perché è importante:

Una VPN nasconde il tuo indirizzo IP, ma il fingerprinting può comunque collegare più sessioni tra loro. Il rilevamento e la mitigazione in tempo reale dei "collettori" di fingerprint da parte dell'IA chiudono questa falla.

11.9 Audit e report continui sulla privacy

Infine, l'IA può produrre continui "audit della privacy" in background:

- **Report di rilevamento delle perdite**: ogni settimana, uno script IA verifica se il tuo IP o il DNS hanno mai "perso" informazioni confrontando i log di servizi di auditing esterni.

- **Riepiloghi d'uso**: "Hai passato 5 ore a guardare video in streaming questa settimana. Abbiamo notato 12 tracker diversi sul sito di streaming — vuoi abilitare un blocco più aggressivo dei tracker la prossima volta?"

- **Punteggio di privacy**: in base ai tuoi comportamenti (ad esempio quanto spesso cambi rete, quanti tracker di terze parti incontri, quante volte la VPN si disconnette inaspettatamente), l'IA ti assegna un "Punteggio privacy" su 100. Nel tempo, consiglia modifiche specifiche (ad esempio "Imposta la VPN in modalità 'sempre attiva' su mobile" o "Passa a un servizio DNS guidato dall'IA con filtro antimalware").

Perché è importante:
Molte persone sono inconsapevoli di piccole perdite di informazioni personali. L'analisi continua e i report chiari dell'IA educano gli utenti e li spingono ad adottare abitudini migliori, con miglioramenti duraturi della postura di privacy.

11.10 Note di chiusura

Guardando al futuro, combinando i punti di forza principali di una VPN (mascheramento dell'IP, tunnel crittografati) con l'intelligenza adattiva e in tempo reale dell'IA, puoi ottenere una soluzione per la privacy che:

- **Resta al passo con le minacce emergenti** (domini di phishing zero-day, nuove tecniche di fingerprinting).

- **Ottimizza prestazioni e sicurezza** (crittografia più forte solo quando serve).

- **Riduce la configurazione manuale** (preimpostazioni personalizzate e automatizzate).

- **Blocca i tracker nascosti** (blocco DNS adattivo, rilevamento degli script).

- **Garantisce protezione continua** (kill switch intelligenti, failover automatico dei server).

In sostanza, l'IA potrebbe trasformare una VPN o una tecnologia simile da un "tunnel" statico in un guardiano della privacy proattivo e auto-regolante: uno strumento che impara dalle tue abitudini, reagisce alle minacce emergenti e si ottimizza senza un intervento costante dell'utente. Il risultato è un'esperienza di privacy fluida e ad alta affidabilità, molto più robusta di quanto una VPN o l'IA da sole possano offrire.

Conclusione: costruire la tua toolbox per la privacy nell'era dell'IA

In questo libro abbiamo esplorato l'**ampiezza degli strumenti moderni per la privacy**:

- **Crittografia (VPN, Tor, DNS crittografato)** per proteggere il tuo traffico dagli intercettatori e nascondere la tua identità.
- **Anonimizzazione (Tor, relay privato iCloud)** per impedire che le tue azioni vengano ricondotte a te.
- **Controlli locali (browser, impostazioni del sistema operativo)** per limitare la raccolta dati sul tuo dispositivo.
- **Scelte di servizio (provider DNS, motori di ricerca, strumenti di IA)** che rispettano la privacy per policy o progettazione.
- **Privacy potenziata dall'IA con difese intelligenti** per un'esperienza fluida, affidabile e robusta.

Nessuna soluzione "risolve" la privacy da sola, ma combinando più livelli puoi proteggerti in molti scenari. Per esempio, uno stack comune: usare una VPN o un relay privato per l'anonimato dell'IP; abilitare DNS crittografato o DNSCrypt per nascondere le risoluzioni; navigare con un browser "irrobustito" (Firefox con uBlock Origin o container, oppure Safari con Intelligent Tracking Prevention (ITP)); e limitare i permessi delle app a livello di sistema operativo.

Questo copre i livelli rete, applicazione e sistema operativo. Aggiungere difese di privacy potenziate dall'IA può rendere l'esperienza più fluida.

Con l'evoluzione della tecnologia (5G, IoT, nuove funzionalità IA), il panorama della privacy cambia. Resta informato: nuove versioni del sistema operativo e nuovi dispositivi spesso aggiungono funzionalità di privacy (ad esempio Android Privacy Sandbox, Modalità lockdown di iOS). I principi restano gli stessi: **minimizza i dati condivisi** e **crittografa ciò che puoi**.

Ricorda: la privacy è un processo continuo, non una configurazione una tantum. Rivedi periodicamente i tuoi strumenti, aggiorna il software e adattati alle nuove minacce (ad esempio se Apple cambia il funzionamento del relay privato o se emerge un nuovo schema di tracciamento nel browser). Il tuo impegno ripaga nel mantenere la tua vita digitale sicura e privata.

Resta al sicuro, proteggi la tua privacy e prendi il controllo del tuo mondo online.

Informazioni sull'autore

Lin Song, PhD, è un ingegnere informatico e sviluppatore open source. Ha creato e gestisce i progetti Setup IPsec VPN su GitHub dal 2014, per creare il tuo server VPN in pochi minuti. I progetti hanno più di 20.000 stelle GitHub e più di 30 milioni di Docker pull, e hanno aiutato milioni di utenti a creare i propri server VPN.

Connettiti con Lin Song
Amazon: https://amazon.com/author/linsong
GitHub: https://github.com/hwdsl2
LinkedIn: https://www.linkedin.com/in/linsongui

Grazie per la lettura! Spero che tu possa trarre il meglio da questo libro. Se ti è stato utile ti sarei molto grato se lasciassi una valutazione o pubblicassi una breve recensione.

Grazie,
Lin Song
Autore